UNE MISE EN RÉCIT
DU SILENCE

LE CLÉZIO - BOSCO - GRACQ

JACQUELINE MICHEL

UNE MISE EN RÉCIT DU SILENCE

LE CLÉZIO - BOSCO - GRACQ

LIBRAIRIE JOSÉ CORTI
1986

PHOTOCOMPOSÉ EN CENTURY DE 11
ET ACHEVÉ D'IMPRIMER EN
MARS 1986 PAR L'IMPRIMERIE
DE LA MANUTENTION A MAYENNE
Nº 9377

Nº d'édition : 821
ISBN 2-7143-0144-4

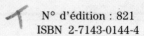

INTRODUCTION

Mais on va quelque part, n'est-ce pas ?
On le sait. On va vers le silence.
J.M.G. LE CLÉZIO, « L'inconnu sur la
terre » (p. 116).

Écrire c'est « approcher les mystères sacrés de l'existence et se donner une chance de forcer les limites imposées à notre savoir »[1]. Albert Béguin exprimait ainsi le mobile secret de toute création poétique. Ce désir créateur démesuré de « forcer les limites » dissimule la hantise de l'unique Limite : le seuil du Silence insondable de l'avant et de l'après, de l'origine et de la destination, qui traque tout être humain.

Se donner une chance de forcer, non seulement des limites, mais cette unique Limite, devient l'audacieuse aventure d'une écriture tendant à créer une œuvre qui soit essentiellement questionnement du silence, et attente de la réponse illuminante. Une telle aventure nous a semblé se refléter dans plusieurs récits de J.M.G. Le Clézio, de

---

1. P. Grotzer, *Albert Béguin ou la passion des autres*, Seuil, 1977, p. 150.

Julien Gracq et de Henri Bosco[2]. Bien que ces récits ne présentent apparemment aucun point commun, ni du point de vue de la structure, ni du point de vue du matériau fictionnel, ils se rapprochent étrangement par la construction en profondeur, d'un même chemin de silences qu'il nous faudra découvrir et suivre. Ceci invite à s'interroger sur l'existence d'un récit poétique qui se voudrait version du Silence.

Qualifier un texte de version du Silence impliquerait normalement, que son écriture joue le rôle d'une seconde langue transposant le contenu du Silence considéré comme première langue. Mais l'entreprise ainsi définie n'est-elle pas vouée à l'échec ? Comment pouvoir traduire une langue qui se dérobe ? une langue dont les signes demeurent cachés ? Comment appréhender le contenu d'un Silence que l'on ne conçoit qu'à travers nos silences humains ; que l'on assimile à l'absence et au vide ; que l'on circonscrit le plus souvent, en le ramenant aux proportions de son rapport à une parole, ou à un bruit quelconque qu'il précède, interrompt ou prolonge. Comment saisir et enfermer dans une seconde langue, ce que l'on pressent être relié au mystère du commencement pur, lieu sans lieu de la maturation secrète d'une Parole première ? En fait, toutes ces questions convergent vers une question fondamentale : *Qu'est-ce que le Silence en lui-même ?*

Un texte qui se veut version du Silence, sera le lieu de l'écriture, sous toutes les formes possibles, de cette question. Tissant nos silences à mesure humaine, pâles reflets sans doute, mais signes sensibles du Silence, le récit va construire des versions de cette question fondamentale ; il va

---

2. J.M.G. Le Clézio : *Trois villes saintes* (Ts), Gallimard, 1980 ; *Voyages de l'autre côté* (V), Gallimard, 1975 ; *Un inconnu sur la terre* (In), Gallimard, 1978. Trois titres faisant signe à une marche silencieuse.

Julien Gracq : *La Route* (R) ; *La presqu'île* (Pr.) ; *Le Roi Cophétua* (RC) (trois récits réunis sous le titre « La presqu'île », Corti, 1973). Trois titres désignant un lieu de silence.

Henri Bosco : *Sylvius* (Syl), Gallimard, 1949 ; *Hyacinthe* (H), Gallimard/folio, 1945 ; *L'habitant de Sivergues* (HS), Gallimard, 1935. Trois noms propres, trois êtres de silence.

chercher à l'animer, à la mettre en représentation. Faute
de pouvoir pénétrer le contenu, le récit va esquisser des
formes, des « icônes » du Silence.
Qu'est-ce que le Silence en lui-même ? question méditante sous les motifs, les images poétiques qui, pour reprendre l'expression bachelardienne, « signifient autre chose et
font rêver autrement »[3] dans les récits de Le Clézio, de
Gracq et de Bosco. Le lecteur se sent confronté à une écriture violemment orientée et dynamisée par une tension
constante vers un « Point de silence », un Événement qui,
précisément dans les récits sur lesquels porte notre étude,
apparaît comme le signifiant d'un Graal. En effet, l'Événement jamais atteint, vers lequel tend le récit, et par le
fait même grâce auquel ce récit existe et s'écrit, serait le
Récit d'une épiphanie du Silence unique, premier.

Il en résulte que l'espace d'un tel récit, tout en demeurant agent d'une fiction[4], se présente surtout comme celui
de transferts. Récit poétique[5], il s'édifie selon des procé-
dés qui se recouperaient plutôt avec des éléments de structure d'un poème. Il raconte bien plus verticalement qu'horizontalement, car il quête une révélation, il « tente » le
Silence. L'écriture recueille des silences, leur donne forme,
les monte en spectacle, en « histoires ». Elle laisse rêver des
routes, des demeures, des êtres, des formes... dont les silences sont autant de signes d'un code à déchiffrer. Elle dessine le Silence indicible en « ombres exprès »[6].

Ainsi se créera une fable visible signe d'une invisible
fable, pour reprendre les termes employés par le narrateur
de *Sylvius* :

> « (...) la fable visible cachait une invisible fable. L'une acces-
> sible aux yeux (...) l'autre, voilée, mais plus réelle, dont la
> présence ne touchait qu'aux âmes[7]. »

---

3. G. Bachelard, *L'air et les songes*, Corti, 1943, p. 283.
4. Cf. Laurent Jenny, « Le poétique et le narratif », in *Poétique*
n° 28/1976.
5. Cf. Yves Tadié, *Le récit poétique*, PUF, 1978.
6. Expression empruntée à Mallarmé et commentée dans *Sémantique de la poésie*, Seuil/Points, 1979, p. 153.
7. *Syl.*, p. 61.

Comment mieux définir un récit qui se voudrait version du Silence ? Aussi est-ce cette fable double que nous voudrions écouter ; dont nous voudrions interroger les « ombres exprès », en suivre les tracés et les montages dans des récits de Le Clézio, de Gracq et de Bosco... dans le secret espoir de pouvoir pénétrer l'aventure d'une écriture qui tente de mettre en récit le silence.

I

LECTURE D'UNE TOPOGRAPHIE

Lors d'une interview accordée à Robert Ytier, Henri Bosco s'expliquait sur le pouvoir créateur d'un paysage longuement contemplé, en ces termes :

> « (...) à force de contempler un point de l'espace (...) il arrive quelque chose. C'est un écran (...) Il n'y a rien sur cet écran, mais il est impossible que l'écran ne désire pas voir arriver quelque chose[1]. »

Julien Gracq pour sa part, reconnaîtra que dans la plupart des cas chez lui, l'idée d'un livre naît d'un lieu[2]. Et que dire du « pays de l'ailleurs » auquel J.M.G. Le Clézio faisait allusion dans un article sur Henri Michaux, « Le magicien »[3] ? N'est-ce pas ce pays qui le brûle à l'intérieur et dont il a besoin, qui fonde son écriture ?

Et de fait, les récits poétiques que nous entreprenons d'explorer, présentent ce que l'on pourrait appeler un lieu de base[4] sur lequel ils s'édifient, une sorte d'épure d'un

1. *Cahiers Henri Bosco*, n° 16/1978, p. 30.
2. *Les Nouvelles littéraires*, « Gracq en solitaire », n° 2557/1976.
3. *Ibid.* J.M.G. Le Clézio, « Le magicien », n° 2691/1979.
4. Ce lieu de base doit être nettement différencié des lieux ou décors de la fiction.

paysage naturel particulier qui devient « texte » à pénétrer, à rêver, à traduire. Pour chacun des récits qui nous occupent, le lieu de base engendre un espace littéraire de signes et d'images du déploiement et de l'altitude. Ceci revient à dire que l'espace littéraire prend forme, s'écrit, à partir d'une description première, dynamique, d'une « géographie » productrice d'images d'élargissement, d'extension, d'élévation essentielles au mouvement du récit ; une description fondamentale qui serait la mise en place d'une topographie spécifique, nécessaire à la naissance et au développement d'un récit interrogateur du Silence.

Ainsi l'« écran » dont parlait Henri Bosco, tissé par les lignes d'un paysage familier ou privilégié, tendu pour l'aventure de l'écriture, s'appréhende comme un terrain propice au surgissement de l'image, comme le tracé préliminaire sur lequel doit « arriver » le récit : un tracé que nous nous proposons de lire.

Étalée comme une feuille blanche dans l'attente de l'écriture, surélevée comme un autel destiné à une célébration, ou comme une scène prête pour un spectacle, une *terre plate* se met en place d'entrée de jeu, dans la topographie du lieu de base. Le « pays plat »[5] des récits de Le Clézio, le no-man's land ou le terre-plein dans les récits de Gracq, la lande ou le plateau calcaire dans ceux de Bosco, sont autant de représentations, d'expressions d'une terre plate, lieu premier qui tout à la fois engendre et supporte le déroulement du récit.

« Je ne cherche pas un paradis, mais une *terre*[6] », écrit Le Clézio dans *L'inconnu sur la terre*. N'est-ce pas en effet, une terre que le poète se promet de posséder par l'écriture, lorsqu'il élabore son récit sur le dessin — et sous le signe — du « pays plat » ? lorsqu'il affirme : « J'écrirais sur les rochers *plats*, j'écrirais sur la *terre*[7] ». Le « pays plat », ce

5. *Ts*, p. 46.
6. *In*, p. 149 (c'est nous qui soulignons).
7. *Ibid.* p. 309 (C'est nous qui soulignons).

lieu premier du récit, se concrétisera dans une grande plaine près de la mer, une aire sainte, des terrains vagues, de grands plateaux de pierres ; le lieu premier ce sera aussi d'immenses esplanades construites de mains d'homme, sortes de reproductions, au cœur des villes, du pays plat naturel[8].

Nues, immobiles, tendues vers un point de fuite, ces étendues disposées par le discours descriptif, s'offrent comme des surfaces aménagées pour qu'apparaissent les motifs, les images susceptibles de conduire « jusqu'à l'espace, jusqu'au ciel, jusqu'à la mer[9] », de posséder la « matière multiple, calme et terrible[10] », d'appréhender le grand silence. Le « pays plat » qui supporte le récit de Le Clézio, matérialise dans une immense plage de silence, une monstrueuse interrogation laissée en suspens, figée. Il figure le message indéchiffrable qui aurait été laissé « comme par inadvertance par quelque géant » — un message d'avant l'homme et, pourrait-on ajouter, d'avant l'écriture, tel le paysage désertique façonné par le vent et par la pluie, que nous décrit le narrateur de *Journal du chercheur d'or*[11].

La *terre plate* prend chez Gracq, le visage d'une vaste étendue forestière, ou celui d'une plateforme délimitée qui ferait penser à quelque poste d'observation. A la fois une et multiple, immobile et mouvante, la forêt gracquienne s'inscrit comme l'envers ombreux, le négatif du pays plat de Le Clézio, ou encore comme son double « crêpu » d'arbres[12]. La forêt pour Julien Gracq, « c'est l'endroit où se produit l'apparition (...) où tout peut apparaître[13] » — où tout peut s'écrire. C'est une « terre panoramique[14] » qui n'en

8. *Ts*, p. 43 ; *V*, p. 10-14-135.

9. *In*, p. 7.

10. *L'extase matérielle*, Idées/Gallimard, 1967, p. 313.

11. *Journal du chercheur d'or*, NRF, n° 361/1983, p. 5.

12. Dans *Un balcon en forêt*, la forêt est décrite comme « une terre crêpue d'arbres » (p. 19).

13. *Cahiers de l'Herne*, « Julien Gracq », p. 220-221.

14. *Ibid.* p. 216.

finit pas de s'étendre, de posséder l'espace. Lieu de base par excellence où frémissent les signes, où se libèrent des figures, où jouent des arcanes, elle affirme sa puissance dès que s'amorce l'itinéraire du récit poétique gracquien.

La route vers la mer — véritable charpente du récit *La Presqu'île* — traverse un paysage qui évoque « une ancienne forêt essartée (...) qui cherche à regagner son terrain[15]. La Fougeraie, théâtre du récit *Le Roi Cophétua*, se situe dans la zone d'une « ancienne forêt royale (...) qui peu à peu regagnait son terrain[16] ». « Ancienne », « regagnant du terrain », la forêt à l'instar du « pays plat » de Le Clézio, se profile comme une monstrueuse recéleuse d'un message essentiel ; comme un palimpseste « piège du silence[17] », elle retient farouchement son « premier mot[18] »... mot magique, mot de passe... serait-ce celui qui mène au Graal ? au Silence ?

La terrasse du parc de la Fougeraie[19], le terre-plein qui domine les grèves[20], peuvent également être considérés comme des représentations d'une *terre plate* dans le récit gracquien. Nettement délimitée, dessinée en impasse ou en avant-poste, la terrasse obturée, sans horizon, concentre en sa surface l'ombre. Elle se présente comme le revers miniaturisé de l'esplanade chez Le Clézio qui, elle, diffuse largement une lumière dure et blanche. Dans une avancée téméraire, la terrasse gracquienne violente une immensité ; ainsi dans *Le Roi Cophétua*, elle s'enfonce « comme une écharde dans la forêt confuse[21] » ; et dans *La Presqu'île*, le terre-plein dessinant une sorte de terrasse abandonnée, provoque l'immensité bleue de la mer en s'appropriant « l'odeur de saumure rance du goémon fermenté (...) si opaque et submergeante[22] ». L'agressivité de la terrasse

15. *Pr*, p. 61.
16. *RC*, p. 194-196.
17. *Un balcon en forêt*, Corti, 1963, p. 107.
18. « Semblable à une forêt de conte ou de rêve, elle n'*eût pas dit son premier mot* » (*Au château d'Argol*, Corti, 1945, p. 31).
19. *RC*, p. 196.
20. *Pr*, p. 108.
21. *RC*, p. 196.
22. *Pr*, p. 108.

gracquienne est en fait, la traduction d'un désir de fusion avec l'immensité ; ce même désir auquel semble céder l'esplanade (ou le terrain vague) de Le Clézio, lorsqu'elle glisse et se fond dans l'espace infini.

Entre ces *terres plates*, il existe une affinité qui implique non pas une équivalence, mais une complémentarité. Elles traduisent une tension vers l'immensité, elles écrivent des concentrations de silence essentielles à une « pensée » du récit qui demeure cachée. Lieux dont la fonction est de s'offrir à la veille, au guet, les *terres plates* iconisent l'attente qui nous semble le véritable dynamisme profond du récit poétique. Il est frappant de constater que sur l'esplanade ou le terrain vague de Le Clézio, il se trouve presque toujours *quelqu'un* — l'enfant ou Naja Naja — seul, assis sur une pierre ; un « quelqu'un » contemplateur, guetteur, posé là comme le parafe de l'attente et du silence.

Sur la terrasse gracquienne refermée sur elle-même, ombreuse, comme sur la grande place le clézienne, éclairée par le soleil et balayée par le vent, « vous entendez le silence terrestre[23] » qui absorbe les bruits de l'homme — bruits de villes, bruits des guerres — ; silence terrestre qui dit le recueillement mais aussi l'élan, la tension vers ce qui doit venir de plus loin... de là-bas.

Les différentes figures d'une *terre plate* décelées chez Le Clézio et chez Gracq, se retrouvent dans le récit boscien. Tout d'abord on remarquera que le terme de « terre plate » s'inscrit dès le début de *Hyacinthe* :

> « Ces terres plates qui, tout autour de mon habitation, s'étendaient à perte de vue...[24] »

comme des feuilles blanches en attente de l'écriture. La *terre plate* est ici, un « paysage incertain » aux limites indéfiniment repoussées ou légèrement suggérées par une ligne bleuâtre[25], paysage que le héros-narrateur a choisi malgré

23. *In*, p. 257.
24. *H*, p. 19. On notera que le seuil du Jardin de Hyacinthe se nomme le Plat-Pays (p. 204).
25. *Ibid.* p. 25.

lui, obéissant à une contrainte intérieure, à un autre lui-même qui le pousse à désirer se situer « ailleurs »[26]. La *terre plate* préside à la naissance du récit ; elle témoigne d'une entrée en rêverie indispensable pour qu'existe ce récit ; une rêverie telle que la définit Bachelard, dynamique et constructive : « La rêverie est la *materia prima* d'une œuvre littéraire[27] ».

Sur une vaste lande enneigée naît et s'anime l'histoire de Sylvius ; sur une immense table de pierre — le plateau Saint-Gabriel — s'écrit le récit de *Hyacinthe* ; sur des étendues de terre inculte s'annonce l'histoire de l'habitant de Sivergues. Ces vastes étendues de silence — « feuilles » muettes que le poète déploie alors que naît le récit, portent elles aussi un parafe de l'attente. Sur elles se dessine une figure ouvrant un espace d'opérations mystérieuses, un « maître-mot » de l'attente et du silence. Telle sera la lampe :

> « Dès le soir de mon arrivée, s'alluma la lampe »[28].
> « Je la soupçonnais d'être le maître-mot de ce pays (...) son étrangeté s'étendit autour d'elle (...). Le pays en fut doucement et mystérieusement transformé[29] ».

Tels seront le cheval mort sur la lande enneigée et l'étrange hutte dressée comme un temple sur les terres incultes[30]. Ces parafes créateurs d'un au-delà nécessaire, déterminent une entrée en rêverie... et donc une entrée en écriture. Se dessinant sur le lieu de base, se découpant de la description première, ces figures de silence électrisent la *terre plate* — la feuille blanche — et donnent avec le coup d'envoi, l'orientation du récit.

La *terre plate* boscienne, support du récit, offre comme chez Le Clézio ou chez Gracq, le caractère d'un « piège de silence », d'une provocante interrogation mais qui n'est déjà

26. *Ibid.* p. 19.
27. G. Bachelard, *La Poétique de la rêverie*, PUF, 1974, p. 138.
28. *H.*, p. 9.
29. *Ibid.* p. 19.
30. *Syl.*, p. 31 ; *HS*, p. 147-154.

plus en suspens. On dirait que, réanimée par le « maître-mot », elle est occupée à façonner une réponse. C'est essentiellement une terre magique, le royaume d'un silence terrestre qui se fait « entendre » comme celui de l'esplanade le clézienne, mais qui, plus encore, se fait toucher ; c'est une *matière silencieuse* :

> « pays où le silence étant *palpable*, il n'y avait rien qui ne fût réel, même les pensées, même les songes[31]. »

Le clézienne, gracquienne ou boscienne, la *terre plate* se présente souvent associée à la figure d'une verticalité : l'à-pic. Ce tracé complémentaire met en valeur un point où le regard pourrait se porter à perte de vue, rêver le dépassement du « jusqu'au bout », englober un espace qui répondrait à la définition qu'en donne Henri Michaux dans *Passages* :

> « un immense rendez-vous de cent espaces qui baignent les uns dans les autres et où baignent avec nous les objets et les êtres[32]. »

L'à-pic récapitulant l'élévation et la chute, joignant la verticalité à l'horizontalité, figure la folle tentation de « posséder magiquement un espace[33] »... ou plutôt des espaces multiples. L'à-pic figure la folle tentation d'investir ces espaces en « monnaie » d'écriture[34]. Mais ici une différenciation s'impose : si chez Le Clézio et Gracq, la figure de l'à-pic rejoint celle de la menaçante interrogation en suspens[35], et signifie une stabilité condamnée[36], une écriture menacée... ; chez Bosco il n'en va pas de même. Dans

---

31. *Ibid.* p. 30 (c'est nous qui soulignons).

32. Henri Michaux, *Passages*, « Le point du jour », NRF, 1963, p. 70.

33. « Celui qui regarde de très haut (...) *possède* magiquement » (J. Gracq, *Préférences*, Corti, 1961, p. 64).

34. Valéry emploie l'expression « monnaie de pas », dans *L'âme et la danse*, Œuvres II, Pléiade, 1960, p. 157.

35. Cf. p. 6.

36. « Engagé dans une perspective de fuite (l'homme) il a en même temps une perception presque magique de cette stabilité condamnée ». (Julien Gracq, *Préférences*, *op. cit.* p. 63).

des récits comme *Hyacinthe* et *L'habitant de Sivergues*, la terre plate s'affirme comme véritable table dressée entre des à-pic. Ce qui s'écrit sur elle, prend les dimensions d'une offrande, ou d'une célébration sacrée. C'est moins l'à-pic que l'en-haut où s'estompe toute démarcation entre ciel et terre, qui compte. Aussi cet à-pic devient-il signe d'une stabilité retrouvée et même sublimée, d'une écriture triomphante, oserait-on dire.

Que serait donc, en définitive, cette *terre plate*, premier élément de la topographie d'un récit version du silence, sinon cette « contrée mystérieuse où tout est possible[37] » — ce « pays » dans lequel se perd, ou plutôt se trouve Sylvius ; une contrée... une surface mystérieusement créatrice dont les « possibles », c'est-à-dire les images à l'état naissant, vont permettre qu'existe un récit « halé » par un silence attentif, vivant.

Le tracé de la route, deuxième élément de la topographie opérante du récit, va introduire un mouvement, un rythme, la quête d'une communication.

Des nombreuses routes qui se dessinent dans le récit le clézien, nous ne retiendrons que les *vraies* routes, celles tracées sur le lieu de base ; nous laisserons de côté « la rainure noire d'asphalte ou de goudron », fausse route des paysages urbains. Or, on constate que parmi les routes qui strient le « pays plat », certaines vont droit interminablement, d'autres rayonnent vers les quatre coins de l'espace, d'autres encore décrivent des cercles concentriques de plus en plus étroits autour d'un point central[38]. Elles construisent un réseau de lignes d'écriture sur la *terre plate*, faisant signe ainsi, à une soif de posséder, d'épuiser l'espace

37. *Syl*, p. 30-31.
38. Sur la *terre plate* désertique, « les routes circulaires » (*Désert*, Gallimard, 1980, p. 22).
Sur le « pays plat » de Naja Naja : « il y a des routes qui vont partout. Les routes de l'Est et de l'Ouest, les routes qui vont vers le haut des montagnes, ou dans la forêt, les routes qui vont jusqu'à la lune. » (*V*, p. 149).

dans sa totalité, de dire et de rejoindre le plus éloigné, le plus profond.

Vieilles, tracées, effacées et retracées sous la mouvance d'une poussière de sable, les vraies routes le cléziennes suggèrent la jointure entre un lointain passé et un ultime avenir. « On marche sur cette route, peut-être, pour trouver le lieu de la naissance[39] », mais aussi pour « aller au bout (...), vers l'endroit où il y a encore du langage, de la conscience, de la vie[40] ». A la fois tendue vers l'origine et vers ce qui est à venir, la route du « pays plat » est tirée vers un point de fuite où commencement et fin fusionneraient, s'annuleraient.

Sur ces routes, sur ces lignes à peine visibles, à peine lisibles, faites, semble-t-il, pour porter des silences, le récit prendra corps :

> « Sur la terre plate, le long de la route blanche, *on avance*[41]. »

et cette marche solitaire, inlassable, jusqu'au bout... signifie l'acte d'écriture :

> « C'est dans le silence qu'on marche comme on marche, tout seul, sur le chemin blanc[42]. »

On avance, on marche... un récit se forme sur le chemin *blanc*.

On remarquera l'insistance mise par le discours descriptif des routes du « pays plat », sur le qualificatif de couleur : blanc. Blanc, c'est la couleur du vide, nous dit le maître de Petite Croix dans *Mondo*[43] ; un rapport que l'on retrouve également dans une nouvelle : *L'Échappé*[44] ; mais il s'agit d'un vide « plus plein que tout », précisera le poète de *L'extase matérielle*[45]. Blanc serait la couleur d'un silence

---

39. *Ts*, p. 11.
40. *Ibid.* p. 67.
41. *Ibid.* p. 10 (c'est nous qui soulignons).
42. *Ibid.* p. 67.
43. *Mondo et autres histoires*, folio/Gallimard, p. 227.
44. *L'Échappé*, NRF, sept. 1981.
45. *L'extase matérielle, op. cit.* p. 13.

absolu regorgeant de possibilités ; le silence d'une pensée cachée qui précède tout commencement. A cette énergie silencieuse fait signe le chemin blanc lorsqu'il se transforme en route des reflets, ou en route des fleurs[46] :

> « elle avance le long de la route des reflets (...) C'est une route très longue dont on ne voit pas la fin. Il y a des boules lumineuses de toutes les couleurs : jaunes, rouges, oranges, vertes, bleues[47]. »

> « La route des fleurs va droit sur la terre plate (...) Les fleurs venues de la nuit calme, intenses dans la blancheur de la poussière[48] — Ce sont des fleurs rouges.

De reflet en reflet, ou de fleur en fleur, la route se fait lumineuse, elle devient langage — « le langage est fait de lumière » écrivait Le Clézio dans *Mydriase*[49]. Et les signes lumineux de la route, sur la *terre plate*, conduisent à l'intérieur de la Lumière, « là où il n'y a pas d'ombre », là où se situe la « vraie ville », là où commence une « terre nouvelle ». Toutes ces images cernant la destination de la route, sur la *terre plate*, et donc la destination de l'écriture, évoquent le royaume de la Mort. Le chemin blanc qui s'illumine fait signe au Récit qui n'a pas été écrit et qui ne peut s'écrire, vers lequel retourne le récit écrit précisément sur ce chemin :

> « Ces mots retournaient vers la mort (...) par delà leur expression, il y avait cette virginité, ce plan général et secret de ce qui est *plat*, étendu, *sans caractère*[50]. »

Dans l'aventure de l'écriture, n'est-ce pas alors l'évidence du Silence que voudraient signifier le pays plat et ses routes blanches qui s'illuminent ? Le récit supporté par un tel lieu de base, ne faisant que dire, c'est-à-dire ne voulant être que transparence au « mystérieux absent terriblement présent[51] » le Silence.

46.
47. *V*, p. 149.
48. *Ts*, p. 68.
49. *Mydriase*, édit. Fata Morgana, p. 24.
50. *L'extase matérielle*, p. 280 (c'est nous qui soulignons).
51. *Ibid.* p. 282.

La route est par excellence conductrice de l'imagination gracquienne[52]. C'est la composante dynamique du lieu de base du récit, indispensable pour que naisse une histoire :

> « les itinéraires le fascinaient ; c'était un avenir clair et lisible qui pourtant restait battant, une ligne de vie toute pure et encore non frayée qu'il animait d'avance et faisait courir à son gré (...)[53]. »

C'est ainsi que le récit *La Presqu'île* prend corps lorsque la carte routière étalée offre au rêveur le tracé d'une route : une vieille route qui se fait neuve comme une « ligne de vie pure », « battante »[54]. Long sillon résonnant au souvenir et à l'avenir, la route des terres basses de *La Presqu'île*, comme l'étroit chemin pavé de *La Route*, est la ligne de force créatrice du récit. Or cette ligne génératrice d'écriture, se laisse saisir comme une ligne de silences... C'est en joignant des points relais, tous de silence, que se compose et se développe le récit *La Presqu'île* : des rues *vides* de Brévenay à la côte *désertée*, en passant par le *silence préservé* de Pen-Bé, la *flaque de silence* du Marais, et les petits manoirs *silencieux*[55].

C'est également à partir d'une ligne de silences que va se développer le récit intitulé *La Route* — des silences décrits par une suite de qualificatifs du chemin et d'expressions métaphorisantes qui balisent le discours descriptif, dès son commencement. De plus, ces expressions sont en elles-mêmes une invitation au décryptage. Comment ne pas désirer que se déchire et se déchiffre le silence d'une route *fossile*, d'une *cicatrice* indurée, d'une *ligne de vie* usée, d'une *rivière des pays de sable* qui cesse de couler, d'un *glacis*[56] ? Il s'agit de signes figés dans l'attente d'être réanimés, dans le désir d'êtres dits à nouveau. Il s'agit

52. Cf. J.L. Tissier, *Les affinités géographiques*, in « Colloque Julien Gracq », Presses de l'Université d'Angers, 1980.

53. *Pr*, p. 50.

54. *Pr*, p. 50.

55. *Ibid.* p. 43-47-70-79-105.

56. *R*, p. 11-12-18.

d'empreintes, de traces, de silences qui enchâssent une histoire, un vécu, que le narrateur va traduire, incité par cette
route *désincarnée* qui « continuait à nous faire signe[57] ».

Ce que raconte *La Route*, c'est peut-être en tout premier lieu, l'effort de dénuder l'économie d'un tracé de silences, d'interroger une ligne de blancs. En effet, la couleur
blanche implacable du chemin le clézien se retrouve pour
caractériser le « grand chemin » mis en scène dans *La
Route* : un fil *blanchi* de soleil, une cicatrice *blanchâtre*...
signe du retour du récit dans le Récit qui ne s'écrit pas :
« les mots retournaient vers la mort... ». Les mots qui ont
dit *La Route* se récapitulent dans une sorte de geste rituel
« in memoriam », sur lequel s'achève le récit et se perpé-
tue la Route : « ...et le geste me vient encore, comme il nous
venait quand nous les quittions (les converses du chemin),
avec une espèce de tendresse farouche et pitoyable, de les
baiser sur le front[58] ».

Des mots qui retournent vers la mort... Ne serait-ce pas
aussi ce que tend à signifier la route de *La Presqu'île* réé-
crite en sens inverse, route du retour vers l'Événement différé, la Rencontre attendue et redoutée. Or l'écriture de
ce retour coïncide avec celle d'un lent processus d'une nuit
en train de « se faire » : « Il *fait* nuit, pensa Simon, bizarre-
ment remué[59]. » On connaît la force d'impact du carrefour
de sens qu'offre l'italique gracquienne : il faut prendre au
sérieux ce verbe *faire* ; une matière nocturne peu à peu
s'engendre, et tout sombre en elle. Un grand vide, un
« blanc » se creuse. Acculé à la limite, « il sentait son genou
heurter les croisillons de métal (de la barrière)[60] ». Simon,
ou le JE de l'écriture de la route, s'interroge angoissé :
« Comment la rejoindre (Irmgard) ?[61] » — « Peur de
rejoindre[62] ». La route entre lui et ce qui doit arriver

57. *Ibid.* p. 12.
58. *R*, p. 31 (c'est nous qui soulignons).
59. *Pr*, p. 160.
60. *Ibid.* p. 179.
61. *Ibid.*
62. *Ibid.* p. 167.

échappe ; le récit ne s'achève pas ; plus rien ne peut s'écrire. Les mots du récit, dans ce parcours inverse, faisaient retour à l'origine, au Silence.

La route qui fait l'objet des récits *La Presqu'île* et *La Route*, et qui assume sous le couvert de la description, un rôle de sujet, cette route ne semble pas à première vue, s'imposer à la structure du *Roi Cophétua*. Pourtant une lecture attentive permet de déceler le tracé d'une route. La venelle du village, le sentier forestier, le chemin au gravier crissant qui mène à la villa, les corridors étroits, obscurs, sinueux entre des murs de pierres ou d'arbres, sont saisis par le discours descriptif comme les divers fragments masqués d'une unique tranchée de silences qui tient en suspens l'histoire, et constitue une route « ouverte pour l'âme seule[63] ». Comme une ligne de haute tension, elle électrise le procès, ce qui n'est pas sans relation avec l'insistance mise sur le crissement du gravier et sur les « passées » de lumière[64]. Cette ligne impose sa direction ; elle oriente vers une autre route qui ne s'écrit pas : celle ouverte par l'adhésion au silence et au mystère de l'officiante du lieu, la maîtresse-servante, la Femme de la nuit. Aussi le récit s'achève-t-il sur l'ouverture de cette autre route : « Simplement : *ainsi* ; je commençais à marcher sur une route qu'elle m'avait ouverte[65], route d'un Récit qui ne se laisse pas saisir dans des mots. Et la dernière page du *Roi Cophétua* prend alors toute sa dimension : « Je me rappelai que c'était le *Jour des Morts* (...) Il allait faire beau[66] »... Les mots du récit font retour à l'origine, au silence d'où tout peut re-naître : « L'air était d'une fraîcheur *baptismale*[67]. »

Plus que les itinéraires reconnus, ce sont les vieux chemins dérobés, les sentiers secrets, dissimulés qui fascinent et excitent l'imagination créatrice de Bosco. Aussi trouve-t-on toujours une vieille route associée à la *terre plate*, dans

63. *Au château d'Argol*, Corti, 1945, p. 143.
64. *RC*, p. 209.
65. *Ibid.* p. 249.
66. *Ibid.* p. 251.
67. *Ibid.* p. 250 (c'est nous qui soulignons).

la topographie de base du récit — une vieille route qui demeure silencieusement aux aguets. Comment la définir mieux qu'en reprenant l'éloge des sentiers sur lequel s'ouvre le récit *Un rameau de la nuit* :

> « Ils sont là. Ils ne disent rien. Vous les voyez. Ils vous regardent ; parfois, très doucement, ils vous prennent le pied (...)[68]. »

« ils vous prennent le pied »... et dans la main du poète, ils glissent la plume.

Dès les premières lignes de *Hyacinthe*, une vieille route se trouve signalée sur le plateau calcaire ; un « chemin peu passant » qui attire le guetteur de signes :

> « *J'attendis sur la route* ; j'avais l'espoir qu'on allait tirer les contrevents » (de la demeure mystérieuse : La Geneste) « très tard dans la nuit, *je sortais sur le chemin*. Je voulais savoir si elle (la lampe) brûlait encore[69]. »

Cette route ne serait-elle pas plutôt une « perspective » rejoignant le silence de La Commanderie / demeure du JE au silence de La Geneste / demeure de l'Autre ? Tout le récit qui va s'écrire recevrait son mouvement d'une mise en vibration, disons même d'une mise en accord de ces deux silences. La route permet ainsi que se rejoignent l'immédiat et l'événementiel. La réalité et le rêve. Elle n'a d'existence qu'en tant que représentation d'une échappée vers la lampe — le maître-mot du pays plat, comme nous avons eu l'occasion de le voir précédemment. Pour que s'écrive le récit, il faut communiquer avec la lampe, il faut se situer sur la route :

> « On apercevait La Geneste, non pas la lampe (...)
> *De la route on verrait la lampe*[70]. »

Le chemin du plateau St Gabriel s'institue donc, dès l'ouverture du récit, comme le fil conducteur d'un puissant courant imaginatif, pour s'imposer à la fin du récit, en tant que signe de ce qui s'accomplit toujours « autre part ». Et

---

68. *Un rameau de la nuit*, Gallimard, 1970, p. 11.
69. *H*, p. 9 (c'est nous qui soulignons).
70. *Ibid.* p. 91 (c'est nous qui soulignons).

ce signe, l'écriture semble vouloir le retenir, le fixer comme un sceau, comme un gage, alors que l'aventure s'achève, dans un tableau. Il s'agit d'une sorte de poème de la route : une dizaine de lignes isolées par deux grands blancs sur la page, en forment l'architecture. Le poète chante une vieille route abandonnée, blanche, « caillouteuse, noble au pied[71] », faite pour le voyageur... n'est-ce pas là quelques caractéristiques propres aux routes des terres plates de Le Clézio et de Gracq ? Et ce vieux chemin qui la nuit « semble monter d'un groupe d'astres », ne s'apparenterait-il pas à une route des reflets telle que nous l'avons découverte dans *Voyages de l'autre côté ?*

Si au début du récit, le héros-narrateur se situait d'emblée sur la route pour guetter la lampe, à la fin du récit on constate qu'un changement de point de vue s'est opéré : situé en dehors de la route, le héros-narrateur fixe son regard sur elle ; la route se serait en quelque sorte substituée à la lampe, mais une lampe qui n'éclaire plus :

« Je la regarde sans désir.
Les routes ne peuvent plus rien me donner[72]. »

Le « maître-mot » du récit est devenu inopérant. Les routes qu'il avait sensibilisées et qui s'étaient ainsi faites puissances d'appel, forces créatrices, ces routes ne peuvent plus rien donner[73] ; les mots qu'elles avaient fait surgir, le récit qu'elles avaient provoqué, retournaient vers la mort... mais pour renaître en des mots du silence véhiculés par le vent qui s'est levé sur le chemin ; des mots qui ont valeur d'éternité, les mots de la prière qui disent le Récit qui ne s'écrit pas, qui disent « l'autre part » où tout s'accomplit :

« Envoie ton Souffle
et ils seront créés[74]. »

A l'encontre de *Hyacinthe*, le récit *Sylvius* naît d'une description première où l'on assiste à l'effacement des lignes

71. *Ibid.* p. 232.
72. *H,* p. 232.
73. *Ibid.* p. 240.
74. *Ibid.*

sur la terre plate. Alors que prend forme l'aventure de Sylvius, les chemins de la lande disparaissent enfouis sous la nappe de neige. Le blanc en lui-même qui, dans son acception nocturne conduit à l'absence, au vide, à la mort, mais aussi à tous les possibles, ce blanc en qui se récapitulent chemins et étendues, va engendrer une topographie de rêve. Sur une « autre terre » sillonnée par un chemin imaginaire[75], va s'écrire l'aventure de Sylvius. Or ce chemin est pris dans une féérie de lueurs — « rayonnement de la neige dans l'air bleu (...) ils avançaient sur la lumière[76] ». N'est-ce pas alors sur une route des reflets que navigue Sylvius, comme navigue Naja Naja ? (Il y aurait, nous semble-t-il, un parallèle à établir entre ces deux « navigateurs »). Les mots racontant cette marche dans la lumière, anticipent leur retour vers l'origine, vers la mort.

> « Tayar marche dans la direction du soleil, ébloui, trébuchant sur les pierres. Il suit un chemin ancien qui traverse le plateau calcaire, puis il arrive devant un grand ravin qui est déjà de l'ombre[77]. »

Ces quelques lignes tirées d'une nouvelle de Le Clézio, *L'Échappé*, auraient pu servir d'exergue à ce chapitre. Elles esquissent, comme base de l'aventure, une terre plate avec son chemin et son à-pic, sur laquelle s'inscrit une marche — une écriture — tendue vers la lumière, vers la mort.

Tayar, l'échappé de prison — le poète n'est-il pas lui aussi un « échappé » ? — entre dans l'aventure : il suit un chemin ancien sur une immense étendue blanche, un chemin qui se sublimera en une route de lumière. Il voit alors « l'immense vallée qui va jusqu'à l'autre bout du monde (...) le silence est grand sur la vallée[78]. » A l'instar du « pays » de Tayar, la topographie de base des récits que nous avons choisis, semble orienter l'écriture vers l'impossible saisie du grand silence de « l'autre bout ».

75. *Sylv*, p. 35.
76. *Ibid* p. 31.
77. *L'échappé*, *op. cit.* p. 11.
78. *Ibid*. p. 24.

Au commencement du récit, il y a l'image dynamique d'une étendue de terre silencieuse qui s'ouvre... une *terre plate* qui se fait disponible par la surface « sans caractère » qu'elle offre, et menaçante par l'à-pic qui la borde ; une *terre plate* qui permet l'illusion de l'obstacle gommé, et tire le regard « à perte de vue[79] » toujours plus loin, jusqu'à ce qu'il se perde. Tirant le regard, elle « tire » les mots et les images toujours plus loin, jusqu'à ce qu'ils se perdent ; car cette *terre plate* dès qu'elle engendre le récit, elle en inscrit la mort.

« Lieu le plus vigilant, endroit de la haute conscience[80] », la terre silencieuse qui s'ouvre et sur laquelle une route se dessine, livre passage à des formes, à ce que Bachelard aurait appelé des « images pures » qui constituent un matériau essentiel pour que s'édifie un récit, version du silence.

De la topographie de base deux axes thématiques se dégagent. Ils impriment un double mouvement à la structure du récit. Autour du premier axe vont s'ordonner des images figurant un « désert » dans des développements métaphoriques de la *terre plate*. Autour du second axe va se construire le motif de « l'autre côté des choses », dans des images d'extension du motif de la *route* et de *l'à-pic*. « Désert » et « autre côté » joueront le rôle des deux pôles d'un aimant à partir duquel s'organisera une structuration de signes et d'images cherchant à fixer des silences.

---

79. Tirer le regard à perte de vue, c'est là une caractéristique de la topographie de base, que l'on retrouve aussi bien chez Gracq et Bosco, que chez Le Clézio. Le terme même « à perte de vue » est fréquemment employé par ces auteurs.

80. *Ts*, p. 46.

II

CONSTRUCTION D'UN « DÉSERT »

Dans le procès des récits poétiques qui font l'objet de notre interrogation, une figure du désert se construit. Il ne s'agit pas tant d'une description du désert que de la formation d'un réseau associatif d'images qui inscrivent la perception d'un « désert », ou encore le sentiment de la présence d'un « désert » ; car remarque le héros-narrateur de *L'Antiquaire*, « les yeux n'en sauraient parcourir la grandeur et la nudité infinie. On le perçoit. Il est là. Il est devant vous. C'est une extraordinaire présence[1]. » Les récits de Le Clézio, de Gracq, de Bosco vont offrir, chacun selon un registre qui lui est propre, un mode spécifique de présence du désert.

> « Je veux rêver à ces autres mondes immenses, silencieux, pleins de violence et de beauté[2]. »

« autres mondes », « déserts » sur lesquels s'entrouvrent les portes du Réel le clézien, un réel total que laisse entrevoir l'extase matérielle. Rêvant à ces « déserts », le poète les réalise, les fixe dans des mots et des images. Il rend ainsi présent un infini de silences saisis en termes de « désert ».

1. *L'Antiquaire*, Gallimard, 1954, p. 227.
2. *In*, p. 37.

« Au fond du ciel bleu, il y a tellement de silence, tellement de désert, de vide, que c'est comme si les paroles n'avaient jamais existé[3]. »

Le fond du ciel, la lumière, le silence, le désert s'associent en une vision unique récurrente dans le discours descriptif, celle de l'origine. Elle traduit l'itinéraire d'un impérieux désir : « seulement l'espace ouvert, libre, immédiat, seulement l'espace et la lumière[4]. » Les forces imaginatives se tendent vers ce Silence de l'origine, vers ses représentations possibles, comme si tout allait recommencer[5]. Il s'en suivra une écriture fiévreuse, pressée de dire et de redire sous de multiples formes, la nudité, l'arrachement, l'excès, l'inouï ; pressée de faire sentir la présence d'un « désert » qui ne s'observe pas, qui ne se décrit pas, mais qui *signifie*. Même lorsque, réel et géographiquement défini, le désert constitue le cadre et le sujet privilégié d'un récit[6], il n'y a de description que dans et par l'aventure du nomadisme ; ce sera le « désert » d'une marche ininterrompue et inexorable qu'exprimera le discours descriptif :

« Ils portaient avec eux (...) le silence dur où luit le soleil (...) ils ne trouvaient que la terre sèche et nue[7]. »

« C'était ici, *l'ordre vide du désert, où tout était possible*, où l'on marchait dans l'ombre au bord de sa propre mort[8]. »

Dire la nudité d'un pays, d'une roche ou d'un visage contemplés, sera le moyen de mettre en représentation *l'ordre vide du désert* qui n'est pas le néant, mais la disponibilité absolue et féconde de la matière. Or, ces nudités le cléziennes vont se dire en termes de silence, de calme intense, de pureté, de langages effacés.

Les pays de Naja Naja où on ne parle pas, sont des pays de mer, d'air et de lumière, riches de silences parce que

---

3. *Ts*, p. 10.
4. *In*, p. 36.
5. *In*, p. 125.
6. Cf. *Désert, Trois villes saintes*.
7. *Désert*, Gallimard, 1980, p. 9-14.
8. *Ibid.* p. 22 (c'est nous qui soulignons).

dépouillés des mots. Ils disent la nudité : tout y est grand et vide :

> « tout a été recouvert de sable, puis gelé et brûlé tant de fois que c'est devenu dans le genre (...) de l'air et l'eau, pur[9]. »

Il y a également la nudité que disent les rochers, les pierres, le simple galet arrondi ; ce sont des silences matérialisés et puissants. Dans *L'échappé*, le silence de chaque pierre blanche est qualifié de terrible. Ces pierres, ces « déserts », offrent leur surface nue, impénétrable, sur laquelle parfois des signes énigmatiques témoignent d'un discours ramassé dans la pierre, d'une pensée fossilisée[10]. Plus que le pays nu rêvé, plus que la roche aride, certains visages sont de véritables miroirs du désert : visage d'un vieux guerrier nomade qui « règne tout le temps sans bouger, sans parler[11] » ; visages d'hommes et de femmes « semblables aux espaces du ciel et de la terre » ; visage d'enfant au regard baissé, « image du Bodhisattva[12]. Sur tous ces visages, ces « déserts », une vérité insoutenable s'est gravée en silences ; ce sont des visages qui *savent* et qui se *taisent*.

> « Une terre aussi grande que le ciel, aussi vide, aussi éblouissante[13]. »

ce raccourci relevé dans le récit *Désert*, offre une saisie frappante de tout ce qu'*est* le désert. L'ordre vide du désert installé au cœur du récit le clézien, est un ordre « éblouissant » ; c'est l'ordre d'un silence alerté tel qu'il se lit sur les pays de Naja Naja, sur les pierres blanches fascinantes, sur les visages intensément impassibles. L'ordre de ce vide « éblouissant » implique le « tout est possible » qui sera mis en évidence dans des images de l'excès, de l'inouï qui s'associeront à celles de la nudité.

Les pays de Naja Naja trouvent leur accomplissement,

---

9. *V*, p. 35-36.
10. Cf. Roger Caillois, *Pierres réfléchies*, Gallimard, 1975.
11. *Ts*, p. 46.
12. *In*, p. 187.
13. *Désert*, *op. cit.* p. 209.

voire même leur sublimation dans le « pays magique »
auquel on accède en passant à travers le nom magique :

> « Le nom magique était là, immobile (...) il n'en finissait pas
> de résonner dans l'air, immense, étendu de tous les côtés
> à la fois (...) Éblouissant[14]. »

Ce nom magique ISOPACTOR que capte le regard de Naja
Naja, étend un « vide éblouissant » que la rêverie va exas-
pérer. Il offre un dessin et une musique qui invitent à « aller
voir ailleurs[15] », à entrer dans un grand désert qui peu à
peu se transforme en une terre exotique luxuriante, sans
bornes[16] — terre promise qui se donne lorsque le mot libère
son silence créateur, n'étant plus assujetti à produire un
sens spécifique. Le désert devenu « pays magique », c'est
l'inouï de la nudité d'un nom libéré de la nécessité de signifier. ISOPACTOR a mis à nu le rêve de Naja Naja, et ouvert
l'espace d'une sorte de poème mythique qui ferait penser
à une réécriture de l'épisode biblique de l'entrée dans la
Terre Promise.

La nudité du rocher exprime une « puissance arrêtée[17] »
— arrêtée et non pas irrémédiablement figée ; le rocher tel
qu'il se trouve décrit dans *L'inconnu sur la terre*, est une
attente matérialisée, pleine d'élans[18]. Le poète attentif à
l'inouï, y voit une « matière qui *vole déjà*[19] » ; or l'image du
vol, récurrente dans le texte le clézien, implique une ivresse
de liberté et de mouvements, une perméabilité totale aux
espaces ; elle inscrit le désir du « tout est possible », car le
vol opère une union magique des espaces. Le poète n'écrit-il
pas à propos d'un vol de mouettes :

14. *V*, p. 204.

15. Dans une récente interview, J.M.G. Le Clézio révélait qu'il
avait eu beaucoup de mal à apprendre à lire : « J'étais sans cesse dis-
trait par l'aspect des caractères. Je ne percevais pas des mots, mais des
signes, des dessins » (*Quinzaine Littéraire*, n° 435).

16. *V*, p. 208.

17. *In*, p. 153.

18. *Ibid*. p. 154.

19. *Ibid*. (c'est nous qui soulignons).

> « Tout est possible alors : l'union magique de la mer, de la
> terre et du ciel.
> Le seul savoir : voler[20]. »

La nudité du rocher, et particulièrement du rocher blanc
dressé comme un excès des forces de la matière, serait donc
le signe d'un envol.

Est magique le nom libéré, pur de toute signification ;
est magique le rocher blanc, à l'état pur, qui s'élance. Dans
le jeu de ces images, la coïncidence entre nudité, pureté
et magie, dit essentiellement « l'ordre vide du désert où tout
est possible ». Il en sera de même pour les visages. Lorsque
la nudité d'un visage s'accentue démesurément, elle se
libère et se sublime en un regard pur, immense et magique :

> « C'est un regard unique, où sont joints tous les regards du
> monde, un regard qui ne regarde plus personne[21]. »

tel le regard du vieux guerrier nomade qui « voit l'histoire
du commencement à la fin[22] » — tel le regard plein de puissance de l'homme bleu du désert[23], un regard pur qui com-
mande à l'espace, qui se confond avec le froid et la lumière
nocturnes[24], qui engendre le désert. Et le poète de *Mydriase*
peut s'écrier :

> « Il y a tant de puissance dans le regard ! C'est lui qui fabri-
> que le désert[25]. »

C'est le regard prophétique de l'Homme bleu Es Ser, le
Secret[26], un regard effrayant et attirant de pureté, magique et insaisissable, immédiatement présent et terriblement
absent ; un regard qui est « la voix », c'est-à-dire le silence
du désert.

> « Il faut aller jusqu'aux lieux continuellement exposés, sans
> abri, sans protection. Alors le ciel vide nous étreint (...)

20. *Ibid.* p. 205.
21. *Ibid.* p. 139.
22. *Ts*, p. 48.
23. *Désert, op. cit.* p. 89.
24. *Ts*, p. 48 à 52.
25. *Mydriase*, éd. Fata Morgana, 1973, p. 31.
26. *Désert*, p. 89-90-91-110.

l'absolu bleu est en nous (...) Le ciel silencieux nous possède[27]. »

Écrire la nudité, ne serait-ce pas pour Le Clézio, se laisser posséder par le silence des espaces, par le lieu sans lieu ; se laisser initier par le silence ; prendre le risque de vouloir affirmer une éternité terrestre, une éternité de désert, de mer et de lumière :

> « La mer est calme et lisse, elle est étendue sous le ciel et devant la terre (...) Le soleil brûle. C'est peut-être l'image de l'éternité[28]. »

Dans ces phrases de *L'inconnu sur la terre*, on croit entendre l'écho de quelques vers de Rimbaud :

> « Elle est retrouvée
> Quoi ? — L'Éternité
> C'est la mer allée
> Avec le soleil[29]. »

Rimbaud qui écrivait dans les « Délires » d'*Une saison en enfer* : « J'aimais le désert, les vergers brûlés (...) je m'offrais au soleil, dieu de feu[30]. »

Dans la tentative de l'écriture le clézienne pour rendre immédiat le silence de l'origine, s'ajoutent au tissage des « déserts », des images évocatrices du vent, du souffle. Il s'agit plus exactement, de la mise en rumeur d'un silence dont la source se confondrait avec le « vide du vent » évoqué à plusieurs reprises dans *Désert*, c'est-à-dire avec la vacance profonde enveloppant le pays désertique, le lieu d'une parole « toujours dite et jamais entendue[31] ».

Un récit comme *Trois villes saintes*, se fonde sur l'attente du souffle. Bien que le discours descriptif rende compte quasiment d'un bout à l'autre, d'une marche ininterrompue à travers des étendues désertiques, on a l'impres-

27. *In*, p. 234.
28. *Ibid.* p. 147.
29. A. Rimbaud, *Œuvres*, Pléiade, 1972, p. 79.
30. *Ibid.* p. 109.
31. Cf. « La parole prophétique », in *Le livre à venir*, M. Blanchot, Idées/Gallimard, 1969, p. 128.

sion d'une stagnation, d'une fuite qui se serait figée sur place dans une immense attente... l'attente du vent, du souffle :

> « ils *passent* de tronc en tronc *sans bouger*[32] »
> « ils attendent que revienne le *trouble*.[33] »

Cette marche déploie une « immobilité » qui ne cesse de grandir dans un appel démesuré vers le « trouble », ce « doux murmure qui vient de toute la terre[34] ». Ainsi s'annonce le souffle dans le moment privilégié où s'émeut l'immobilité. Alors naîtra du silence fécondé par un vent libre[35], une vibration, une ivresse de vie, une « voix » qui dira la re-naissance.

Les images du souffle sont inhérentes à la représentation le clézienne du désert. Or, toutes ces images tendent à identifier le souffle à une parole libérée de toute structure, à une énergie opérante qui « venue de l'espace va vers l'espace[36] ». Il s'agit donc essentiellement d'images mettant en valeur un aspect créateur du vent du désert.

Dans *Voyages de l'autre côté*, Naja Naja pourrait être considérée comme une incarnation de ce souffle, de cette « voix » du désert ; n'est-il pas dit que « c'est elle qui a tout fait, tout inventé[37] » ? Et la structure sonore du mot même — Naja Naja — n'évoque-t-elle pas un souffle, le glissement d'un murmure ? Le pays du vent avec lequel Naja Naja fusionne, présente une composition de mouvements et de silences variés. Il se dessine comme l'espace des variations d'une pensée unique, libératrice :

> « Le vent est la seule pensée (...)[38]. »
> « Le vent est notre seule pensée. Étendue sur des centaines de kilomètres, elle passe, elle coule comme un fleuve invisible[39]. »

32. *Ts*, p. 11.
33. *Ibid.* p. 30   (c'est nous qui soulignons).
34. *Ibid.*
35. *Désert*, p. 28.
36. *In*, p. 138.
37. *V*, p. 35-36.
38. *Ibid.* p. 123.
39. *Ibid.* p. 182.

Dans *Trois villes saintes*, cette « pensée » à l'œuvre prend les dimensions d'un « être » qui a l'initiative ; un être dont la « voix aiguë fera vibrer à nouveau la terre[40] ». Le vent ouvre le chemin vers une création nouvelle :

> « Alors on avance, aujourd'hui, lentement, vers une terre nouvelle, vers l'année nouvelle (...)
> Le vent marche devant nous, il ouvre l'air brûlant. On arrive[41]. »

Une « voix », une « pensée », un « être »... c'est toute une rêverie sur le souffle du vent et ses pouvoirs, que nous offre le texte le clézien se rapportant au désert. Saisi dans cette divagation poétique, le souffle du vent devient l'écho du silence énergétique de l'origine, l'écho de « la parole jamais entendue ». Aussi nous semble-t-il possible de conférer au souffle du désert le clézien, le rôle d'une parole prophétique entendue dans le sens que lui donne Maurice Blanchot : « une parole errante qui fait retour à l'exigence originelle d'un mouvement[42]. » Or cette parole errante éveille le langage qui est *dans* la matière[43], pour ne faire plus qu'un avec « le bruit ininterrompu de la lumière, de la pierre[44]. Immense retentissement silencieux, parole d'un mouvement qui dispose de l'espace, de tout le réel, et qui fait retour à son origine : telle serait la dimension du souffle du vent dans l'écriture le clézienne d'un rêve du désert[45] qui se confond avec un rêve du silence de l'origine.

La Presqu'île, Le Roi Cophétua, La Route sont des récits où l'on ne trouve pas un désert pris explicitement comme

40. *Ts*, p. 21.
41. *Ts*, p. 74.
42. Maurice Blanchot, *Le livre à venir*, Idées/Gallimard, 1959, p. 118.
43. Le poète de *Mydriase* affirme que le « langage est *dans* la matière » (*Mydriase, op. cit.* p. 24).
44. *In* p. 138.
45. Dans une interview donnée aux *Nouvelles Littéraires*, Le Clézio faisait remarquer que *Désert* est « un livre qui rêve du désert », et, ajoutait-il, « je crois (pour faire un désert) qu'il faut la lumière, le vent, un paysage. » (NL n° 2736/1980).

un lieu géographique de la fiction. Pourtant un désert est présent ; on le sent se composer, se mettre en scène presque sournoisement, au fur et à mesure que des images de l'aridité, du perdu, du jauni, de l'abandonné viennent marquer et infirmer les lieux de la fiction. Il semble qu'un désert se greffe sur chacun des paysages constituant les rouages de la structure du récit. La campagne, la presqu'île, la forêt gardent leurs caractéristiques, mais un « changement de clé » s'est opéré, pour reprendre une expression de Julien Gracq[46]. On pourrait dire que ces paysages se jouent en « clé de désert », une clé qui s'inscrit d'ailleurs, sur les premières lignes du récit *La Presqu'île* : par quatre fois le mot *désert* apparaît, donnant le ton à la gare de Brévenay et aux rails... image suggestive d'une portée en attente. Ainsi le départ de l'écriture s'effectue sous le signe du désert :

> « La nappe du soleil tombait d'aplomb sur le *désert des rails* ».
> « A perte de vue, dans le *désert des voies* (...) »
> « Le *désert* brillant (des rails) »
> « Au bout du *désert* stupéfié (de la *voie*)[47] ».

Les lieux du récit vont se teinter des reflets du désert ; on assiste à une sorte de mise en désert du paysage qui s'effectue au niveau d'une double représentation, constituant un collage fait d'images du désert réel, et d'images de la désertion, de l'abandon. Toutes ces images jouent « par petites touches rapides et peu appuyées[48] ». Ce sont des modifications de décor très légèrement sensibles qui s'opèrent au niveau des couleurs, des reliefs, de l'atmosphère, en même temps que se déploie toute une gamme de silences.

Dans *Le Roi Cophétua*, la mise en désert du paysage s'opère par le truchement d'adjectifs qui se glissent dans le discours descriptif concernant particulièrement la villa. Ces adjectifs, par « touches », dénudent, et même momifient la demeure : « tout paraissait vernissé, froid et désert » — « une pièce gelée et sans vie » — « vacant, anonyme » —

46. *Pr*, p. 90.
47. *Pr*, p. 35-36-39 (c'est nous qui soulignons).
48. *Pr*, p. 60.

« un gel figé reprenait possession de la maison[49]. Vers le milieu du récit, la mise en désert va s'affirmer. Le corps de la demeure s'estompe pour laisser la place à l'inquiétante représentation d'une nudité luxueuse : la pièce était « agressivement nue, d'une nudité aiguë et impersonnelle[50] » — la maison « on eût dit qu'elle était démeublée. Froide, encaustiquée, béante — singulièrement inhospitalière[51]. »

Dans le texte de La *Route*, trois images font saillie ; elles impriment sur le grand chemin les reflets d'un désert réel. La route prend le visage d'un oued du désert : « Elle ressemblait aux rivières des pays de sable qui cessent de couler à la saison chaude[52]. » La route est imprégnée de « la poussière des plaines de sable (traversées)[53]. Enfin la troisième image s'attache aux Femmes de la Route, ces mystérieuses nomades dont le « grand œil fier et triste (était) comme un puits tari sur le chemin désert[54] ». Ces trois images accusent avec la sécheresse désertique, une nudité du paysage ; et les variations de la route, tantôt pierreuse, tantôt feuillue, prennent le caractère de quelques mirages d'un « désert ».

C'est vraiment par touches légères mais fort suggestives que, dans *La Presqu'île*, le discours descriptif fait signe à une nudité désertique. On parcourt une Terre Gâte « pays muet, desséché[55], une campagne « défleurie »[56] que « le vent et le soleil s'épuisent à tenir éveillée[57] ». On remarque l'insistance mise sur une transposition de la couleur du paysage dans le mode mineur, par un phénomène de jaunissement : du jaune déteint, fondu, terne, au beige grisé, puis à la teinte sable et au blanchâtre. Ce jaunissement qui passe par de multiples nuances, contribue à laisser filtrer dans le pro-

49. *Rc*, p. 207-208-209.
50. *Ibid.* p. 220.
51. *Ibid.* p. 236-237.
52. *R*, p. 12.
53. *Ibid.* p. 15.
54. *Ibid.* p. 31.
55. *Pr*, p. 51.
56. *Ibid.* p. 54-57.
57. *Ibid.* p. 79.

cessus du récit, une atmosphère rappelant celle d'un pays de sable. Des allusions à un silence pénétrant et à une immobilité liés à l'aride chaleur du midi, ou au froid de la nuit qui descend, viennent renforcer cette impression de « désert » :

> « Le froid, le silence, l'immobilité, la nuit, il les avait toujours aimés (...) il les touchait du doigt tout à coup comme une promesse glacée, un état final dernier, qui une seconde laissait tomber le masque[58]. »

Dans ces trois récits gracquiens que nous interrogeons, nombreuses sont les expressions et les images qui inscrivent un « désert » saisi dans une acception de désertion et d'abandon. On remarquera par exemple, la récurrence de l'expression : « pas en vue âme qui vive » ; une redondance significative : le « no man's land abandonné[59] ». On relèvera des effets de renchérissement de la désolation : sur des « solitudes confuses » se lisent de multiples « signes de l'abandon »[60]. Les deux tableaux dans lesquels le récit, *Le Roi Cophétua*, se met en abyme, mettent en scène un « désert » : l'un — *Le Roi Cophétua et la servante-maîtresse* — par son aspect « déteint et fondu » et par le silence quasipalpable de ses personnages : « Il semblait difficile de se *taire* au point où se taisaient ces deux silhouettes paralysées[61] » ; l'autre — *La mala noche* de Goya — par la représentation d'une lande perdue prise dans un vent fou[62].

L'aventure construite sur des paysages et des itinéraires réels, mais retouchés par des « déserts » que l'imagination exaspère, prend le caractère d'une dérive. S'appropriant une expression du héros de *La Presqu'île*, on pourrait donner comme sous-titre aux trois récits de Julien Gracq, « une dérive un peu hagarde[63] ». Rien d'étonnant à

58. *Ibid.* p. 138.
59. *RC*, p. 213.
60. *R*, p. 22.
61. *RC*, p. 224.
62. *Ibid.* p. 214.
63. *Pr*, p. 132.

ce que, dès l'ouverture du récit, s'inscrive une référence à un vent puissant qui « enveloppe » et qui « tient » :

> « Quand je descendis, ma valise à la main, sur le quai désert de Braye la Forêt, le vent m'enveloppa d'un seul coup[64]. »
>
> « Il mit sa petite voiture en marche (...) » Le vent tient, pensa-t-il, il fera beau[65] »

le vent, signe prémonitoire d'une aventure où le héros sera continuellement pris en charge, enveloppé par une volonté autre, par un souffle mystérieux ; le vent, signe prometteur d'aventure, de dérive. « Grand souffle long qui venait de la mer[66] », ce vent émané du grand silence des lointains, ne cesse de provoquer le silence des lieux de l'aventure. *Murmures, éclats, sautes, risées* du vent, autant de mots qui se font l'image de mouvements désordonnés, provocateurs, qui constituent le « fouaillement du vent dans le désert (du lieu)[67] ». Ce vent « levé de la mer » s'apparente-t-il au souffle prophétique qui erre sur le « désert » le clézien ? Sans doute si l'on considère sa puissance d'éveil, d'ébranlement ; mais le texte gracquien ne fait que laisser supposer, à travers quelques nuances d'expression, l'aspect créateur du vent lié au « désert », un aspect affirmé dans le texte le clézien. « Lourdement cerné de silence[68] », le vent des « déserts » gracquiens demeure un « froissement de mer[69] » ; c'est un murmure venu de l'ailleurs, un mouvement de par-delà la lisière, signe d'une promesse informulée et informulable.

Une image glissée furtivement semblerait-il, dans le texte de *La Route*, nous apporte peut-être, la vraie dimension de l'écriture gracquienne du vent. Il est question des tombes, « petits tas de pierres allongées » rencontrées de temps en temps au bord du chemin :

---

64. *RC*, p. 193.
65. *Pr*, p. 42.
66. *RC*, p. 193.
67. *Ibid.* p. 215.
68. *Pr*, p. 88.
69. *RC*, p. 200.

« petite moraine d'hommes qui se déposait peu à peu au long de la voie (...) Elle faisait au long de la Route un murmure de vent et d'eaux libres[70]. »

La vraie dimension de l'écriture du vent serait donc de signifier une mort qui ne « pèse » pas, qui « met la vie à l'aise ». De plus cette image qui fait naître de la mort, un murmure de vent et d'eaux libres, ne suggèrerait-elle pas le silence de l'origine ?

Le grand rêve de l'ordre vide du désert et de ses possibles inscrit dans le récit le clézien, se retrouve légèrement esquissé dans l'écriture gracquienne de la nudité et du vent. C'est pour ainsi dire, des ombres de ce grand rêve que le poète poursuit dans la fixation de furtifs arrachements au réel, dans l'écriture d'une « petite mort », ce tarot du « Grand Jeu »[71] poétique gracquien où se dessine un « désert » fait de vacance, de lumière et de silence. Ces « touches » d'un ordre du désert réaccordent le lieu du récit à une qualité de silence qui serait celle des « Hautes Terres » :

> « Mais par-dessus tout, avec la fascination d'un accord longuement tenu (...) revient me hanter le silence : un silence de haute lande, de planète dévastée et lisse (...) où la lumière du soleil éclate dans le tonnerre silencieux d'une floraison[72]. »

un silence désertique éminemment puissant et fertile... Les « Hautes Terres » gracquiennes rejoignent le Pays des dunes à perte de vue de Le Clézio :

> « C'était ici, l'ordre vide du désert, où tout était possible[73]. »

Dans les trois récits d'Henri Bosco sur lesquels porte notre étude, on ne se trouve pas confronté au vrai désert impressionnant et inhumain, tel qu'il apparaît au cœur de

---

70. *R*, p. 26.
71. Julien Gracq, *Liberté Grande*, Corti, 1946, p. 61.
   « La *petite mort* mélancolique des cloches dans les après-midi écrasés de soleil des dimanches ».
72. *Ibid.* p. 101.
73. *op. cit.* (cf. p. 24).

récits comme *L'Antiquaire* ou *Sites et mirages*. Pourtant un « désert » est présent dans les composantes d'une matière à rêver que l'écriture poétique construit à partir du lieu de base, de la *terre plate*, un « désert » qui répondrait à la définition qu'en donne Dromiols dans *Malicroix* : « Des terres plates et, au bout, des lointains, rien que des lointains[74] ».

Le mot « désert » doublé du mot « vide » est choisi, dès les premières pages de *Hyacinthe*, comme désignateur descriptif du paysage : « Je cherchais un désert et je l'avais trouvé » — « Dès que j'avais mis le pied sur le plateau de St Gabriel (...) j'entrais dans le pays du vide[75] ». L'étendue calcaire, aride, du plateau et les eaux mortes, « livides », des étangs constituent de vastes déserts de silence et de solitude d'où se détachent des ombres qui seraient l'apparence d'un site magnétique caché :

> « J'avais parcouru le plateau, les étangs ? Je n'y avais point rencontré de figure précise, mais pourtant j'avais senti des présences[76]. »

Pays du vide également, le vieux village fantôme dont les hommes ne voulaient plus[77] ». Ce lieu fait corps avec un désert montagneux où partout n'apparaît que de la pierre[78] : tout y est sec, rocheux, nu, l'eau n'y arrive plus. Sivergues est un grand silence accroché à des entablements de pierre, en attente de se dire.

Autre « désert », autre matière à rêver : l'étendue de la lande des Hèves. Le rêve naît d'une sublimation de l'étendue aride : la lande s'est transfigurée en un désert de neige où l'on chemine à travers un site infini de solitudes, où tout dépend du silence, où les heures n'ont plus de sens, où l'on avance dans « une clarté impalpable[79] »... ce « désert » n'est-il pas un rêve d'écriture qui conduit le poète/Sylvius vers

---

74. *Malicroix*, Folio/Gallimard, p. 70-71.
75. *H*, p. 12-34.
76. *Ibid.* p. 79.
77. *HS*, p. 193.
78. *Ibid.* p. 191-192.
79. *Syl*, p. 31-35.

une autre terre, dans un autre temps, vers une autre vie[80] » ?

Plus que le désert en lui-même, ce qui hante Henri Bosco c'est le franchissement du désert. Pour en avoir la preuve il suffit de se reporter à plusieurs pages de *L'Antiquaire* qui forment un véritable poème sur la présence du grand désert. Au cœur d'un désert bien réel de sable et de pierre, se situe le héros-narrateur qui ressent intensément la présence de ce grand désert se fondre avec celle de son propre « désert » intérieur. C'est alors que s'élève l'angoissante question du franchissement :

> « (...) en moi (le) désir de franchir l'aridité et le fatal espace du désert. *Mais le franchit-on jamais*[81] ? »

Cette question, tous les « déserts » bosciens la portent en eux-mêmes ; une question chargée d'un défi implicite que semble avoir relevé l'aventure de *Hyacinthe*, de *Sylvius* et de *L'habitant de Sivergues* où l'entrée dans une existence nouvelle est inséparable du franchissement d'un « désert » : le plateau St Gabriel et ses étangs permettent l'entrée au Jardin ; la lande enneigée permet l'entrée aux Amelières ; la montée désertique permet d'atteindre le haut-lieu de Sivergues. Le désert franchi, on *connaît* le Jardin, les Amelières, la demeure de Sivergues, ces « autres terres », ces mondes qui se détachent d'un grand silence pas tellement éloigné de celui des « Hautes Terres » de Julien Gracq[82]. En effet sur le Jardin de Silvacane, comme sur les Amelières ou sur la terrasse de Sivergues une lumière éblouissante envahit l'espace de silence, et une vie se réveille[83] ; sur les « Hautes Terres » bosciennes, « la lumière éclate dans le tonnerre silencieux d'une floraison[84] ».

Lorsque Le Clézio capte dans son écriture « d'autres

---

80. *Ibid.* p. 35.

81. L'*Antiquaire, op. cit.* p. 230.

82. Le terme même de « hautes terres » se trouve inscrit dans le récit *Un habitant de Sivergues* (p. 183).

83. *H,* p. 223 ; *Syl,* p. 54-50 ; *HS,* p. 232.

84. *Op. cit.* p. 35.

mondes immenses, silencieux », c'est à une extension infinie du créé, de la matière gorgée de vie qu'il rêve, et son
rêve il le nomme « extase matérielle ». Lorsque Bosco capte
dans son écriture « d'autres terres », c'est à l'empire d'un
surnaturel assumant le créé qu'il rêve, et son rêve il le
nomme « Illumination[85] ». Aussi, « l'ordre vide du désert où
tout est possible » qui transparaît dans l'écriture de Le Clézio, se trouve reécrit dans le texte boscien sous la forme
d'un ordre sauvé et sublimé : le « tout est possible » est réaccordé au surnaturel ; ce qui apparaît explicitement dans
le texte de *Sylvius* : sur le désert enneigé « partout et facilement tout était possible *et surnaturel*[86] ».

Comme nous l'avons vu pour Le Clézio et Gracq, écrire
le désert c'est évoquer aussi la présence opérante du vent.
Il en va de même pour Bosco ; est-il besoin de rappeler certaines pages de *Malicroix* si fortement évocatrices du pouvoir de fascination et d'envoûtement inhérent à l'être du
vent[87] ? Reprenant le rôle naturel du vent d'être annonciateur de quelque perturbation atmosphérique, l'écriture
boscienne le transpose en lui conférant une portée surna-
turelle. Dans le franchissement du désert, le vent est essentiellement le signe annonciateur de l'Événement : il pré-
vient de la présence imminemment opérante d'un souffle
mystérieux dont il est la représentation, et en même temps
il signale un silence à l'œuvre.

Dès le début de *Sylvius*, se trouve souligné une espèce
de connivence entre Sylvius et le vent du nord ; une com-
munauté de destin les unit : tous les deux ont un « destin
de neige[88] ». Le récit de l'aventure proprement dite commence par la mention de la bise : une phrase isolée, dému-
nie de verbe, détachée comme un titre qui frappe puis se
perd dans le silence des points de suspension, dans le silence
de la *terre plate*, la lande :

---

85. Cf. poème d'Henri Bosco, *Prière*, « Renaissance de Fleury »,
Pâques, 1970.
86. *Syl*, p. 31 (c'est nous qui soulignons).
87. *Malicroix*, *op. cit.* p. 128 et les suivantes.
88. *Syl*, p. 27.

« Une année de bise et de froid sauvage...[89] »

signal de la mort placé à l'orée de la lande déserte, ... du récit. Ce même signal se retrouvera à la fin du récit alors que meurt Sylvius : « le vent se lève. Il va souffler dur (...) Bise mauvaise, tourbillons[90]. » Par contre, au centre du récit, lorsque s'épanouit le rêve — est-ce bien un rêve ? — à l'entrée du vrai pays de Sylvius, souffle une brise annonciatrice de « l'autre terre », porteuse des parfums d'une nature extraordinairement luxuriante[91], une brise qui signale l'avènement d'une béatitude. Et le silence prend la parole lorsqu'à cette brise répond le souffle de Sylvius animant une flûte-miracle qui exprime une parole du silence[92].

Tout au long du récit *Hyacinthe*, transparaît une attention particulière au vent, et plus particulièrement à son souffle. En effet, à travers les expressions qui traduisent la présence du vent, on discerne le jeu d'une sensibilisation au souffle du vent mis en valeur dès les premières pages :

> « (...) ces étendues mouvantes que le vent commençait à tourmenter. »
>
> « Une brise légère avait soufflé : les étangs étaient purs. »
>
> « Il soufflait un peu de vent ; un vent court, chaud. Rien qu'à l'odeur je reconnus que j'étais sur le plateau[93]. »

La *terre plate*, lieu de base du récit, s'émeut à l'attouchement du vent, au frôlement du souffle ; le JE de l'écriture se place, pourrait-on dire, sous la mouvance de ce vent qui tourmente l'étendue désertique. A travers le procès du récit, l'image du souffle tend une ligne de haute tension[94] signalant le courant d'une parole informulée qui désirerait se communiquer — ce désir étant le dynamisme même de

89. *Ibid.* p. 28.
90. *Ibid.* p. 89.
91. *Ibid.* p. 49.
92. *Syl*, p. 61.
93. *H*, p. 20-36-73.
94. Image gracquienne du dynamisme intérieur à un récit.

l'écriture. Aussi lorsque le héros-narrateur reclus dans la chambre de La Geneste, se trouve séparé des « étendues mouvantes », il en reçoit le souffle par Hyacinthe, créature du silence :

> « Je sentais monter son odeur d'herbe et de vent. »
> « son souffle sentait (...) le vent du plateau[95]. »

Ainsi le héros-narrateur n'échappe à aucun moment à ce souffle qui peu à peu, ouvre une voie à travers le silence de la demeure :

> « A l'appel de ce vent venu du désert, l'antique métairie de pierre livrait enfin ses bruits secrets[96]. »

vers le Jardin, haut-lieu du silence :

> « Une étrange brise monta de l'Ouest du plateau (...) elle nous apporta cette vive odeur de jardin[97]. »

Alors que le récit s'achève — ou mieux expire — comme au commencement, le vent s'insinue avec insistance : « il souffle avec une douceur étrange[98] ». La parole informulée dont il était porteur a pris corps au sein de l'aventure : des mots se détachent du silence, ce sont les mots de la prière : « Envoie ton *Souffle* (...) » ton *Souffle* que les images du souffle drainant les forces de l'écriture, avait tout au long du récit figuré en traçant une voie du plateau désert au Jardin en passant par l'église de l'Hospitalet.

Contrairement aux deux récits précédents, *L'habitant de Sivergues* ne semble pas particulièrement mettre en valeur des images du souffle du vent. Bien qu'au premier chapitre, la nudité du village mort et des solitudes montagneuses apparaisse indissociable des « plateaux *balayés des vents* du Lubéron solitaire[99] », il s'avère que dans la suite du récit, à part la mention de quelques « coulées d'air chaud » plutôt sournoises, c'est l'insistance mise sur

95. *H*, p. 172-180.
96. *Ibid.* p. 188.
97. *Ibid.* p. 185-215.
98. *Ibid.* p. 240.
99. *HS*, p. 157 (c'est nous qui soulignons).

l'absence du vent qui va s'affirmer comme un signal sur le « désert »[100]. Cette absence s'inscrit comme un vide étrangement dynamique, ce même vide décrit dans *Malicroix*, lorsque le vent s'arrête de souffler :

> « ce vide existait. Il avait un corps, une forme creuse et le silence, en quelque sorte, en était la paroi fragile, prête à se briser[101]. »

Sivergues n'est autre que l'image de ce vide que l'écriture va travailler jusqu'à ce que « la paroi » se brise, jusqu'à ce que le silence qui enclôt un souffle immobilisé, se brise en lumières sur le vide comblé par le vieux corps mort du berger, signe du souffle libéré[102].

De façons diverses, dans les trois récits, les images du vent s'allient à celles du désert pour donner la parole au silence. Il semblerait que le poète veuille mettre ainsi en représentation les mouvements intérieurs à un silence qui accède à une parole faite de mots comme dans *Hyacinthe* — les mots de la prière — à une parole faite de notes comme dans *Sylvius* — la mélodie de la flûte — à une parole faite de lumière comme dans *L'habitant de Sivergues* — le flamboiement de la terrasse.

Il ne serait pas impossible de déceler dans ces divers tableaux d'un « désert » travaillé par le souffle du vent, une reécriture des premiers mots de la Genèse :

> « La terre était vide et vague (...) un vent de Dieu tournoyait...[103] »

Au moyen des figurations variées de la nudité, de l'inouï, de l'excès, de l'arrachement, associées à celles du souffle, Le Clézio, Gracq et Bosco expriment, chacun selon une perception qui lui est propre, un silence de l'origine dans lequel se soudent commencement et fin.

---

100. *Ibid.* p. 169-178-230.
101. *Malicroix, op. cit.* p. 135.
102. *HS*, p. 233.
103. Cf. *Bible de Jérusalem.*

III

UNE MARCHE A CONTRE-COURANT

L'écriture de l'ordre vide d'un désert ou tout est possible se trouve liée, comme nous venons de le voir, à la tentation d'appréhender le silence de l'origine. Il en résulte que sur les « routes » des récits que nous explorons, s'écrit un retour en arrière, un éloignement vers la source. Sur ces « routes » du récit, version du silence, on marche — on écrit — à contre-courant.

« J'ai commencé le long voyage de retour vers le gel et le silence, vers la matière multiple, calme et terrible[1]. »

« J'ai commencé »... L'acte d'écriture va rendre compte de ce long cheminement en train de se faire. Mettre en récit le voyage de retour, n'est-ce pas là un mobile profond de l'écriture le clézienne ? Et n'est-ce pas une manière de dire le silence ? Avec les hommes bleus, avec Naja Naja, avec le petit garçon inconnu sur la terre se trace et s'affirme une marche à contre-courant qui s'oppose au déchaînement des bruits des hommes et à la progression linéaire du temps.

1. *L'extase matérielle, op. cit.* p. 313 (ce sont les dernières lignes de l'essai — un essai qui peut être considéré comme la base de toute l'œuvre le clézienne).

On marche à travers les bruits de la vie moderne, on dépasse en sens inverse les « nouveaux démons maudits[2] », on entre dans les bruits de la nature qui sont déjà des bruits du silence, vers le silence absolu de la matière, de la lumière, de la mer... Et cette marche met en valeur une remontée dans le temps, du présent à travers un passé, pour pénétrer dans un passé sans mémoire. Le cheminement du héros-narrateur ferait penser à ces séquences de film où un personnage seul, le regard fixé au loin, marche sur un quai, à contre-courant de la foule que déversent des trains bruyants.

A travers le désert des *Trois villes saintes*, se trace une marche contre le courant des « nouveaux démons maudits », contre le courant de « l'ailleurs » — les cités aux bruits infernaux de la mécanisation, de la laideur, de la non-vie, de la destruction. Ainsi se dessine une marche à contre-courant des faux bruits, des faux lieux[3], orientée vers l'essentiel : le lieu de la naissance :

> « C'est pour cela qu'on marche sur cette route, peut-être, pour trouver le lieu de la naissance[4]. »

pour aller vers le secret, vers l'« ici »[5], et ne pas suivre le courant vers « là-bas » comme les autocars aux « larges pare-brise bleus qui foncent sans s'arrêter[6] ». La marche à contre-courant mène « ici », le centre du désert où l'on ne cesse d'attendre et d'appeler le retour de l'eau ancienne et de son langage[7]. Aussi cette marche s'identifie-t-elle à la quête de l'eau qui doit parler de nouveau. Elle fait retour à la source, à la vraie vie. Elle écrit une relation primordiale existant au sein du silence de l'origine : eau/parole/vie.

Le petit garçon inconnu sur la terre, qui n'a de cesse de pénétrer, d'apprivoiser un grand silence matérialisé, fait

2. *Ts*, p. 18 (il s'agit de la mécanisation et de ses bruits).
3. *Ts*, p. 26 : « les camions, les autos, même les avions ne connaissent pas les vrais bruits, les vrais lieux. »
4. *Ibid.* p. 11.
5. « ici » — terme récurrent dans le texte.
6. *Ibid.* p. 64.
7. *Ibid.* p. 18.

d'espaces, de lumières, de trésors multiples du monde, de faire retour à l'univers matériel, sensible dans sa totalité, à l'origine de son jaillissement, ce petit garçon marche à contre-courant des « roues maudites », de cet « ailleurs » maudit :

> « Pour vaincre le mouvement, pour arrêter les roues maudites, il suffit de retrouver le monde, le silence, la lumière (...) Et bientôt reviendra le grand spectacle extérieur[8]. »

Arrêter les roues maudites que les nouveaux démons maudits font surgir à l'extérieur mais aussi à l'intérieur des êtres, c'est en fait la démarche que l'on décelait dans *Trois villes saintes*. On fuit sur la route blanche de poussière, contre le courant des camions blindés sur les routes noires. On fuit contre le courant des noms de « bruit » à la structure sonore qui claque et qui siffle, pour retrouver la source du silence premier, la parole de l'eau continue et continuée[9].

Comment définir les itinéraires de Naja Naja, si ce n'est par leur relation à des marches à contre-courant. A travers les bruits des villes (notons que l'adjectif « maudit » se retrouve aussi dans ce récit, pour les qualifier[10]), on remonte vers le silence de l'air, de la mer, des arbres, et surtout de la lumière car « c'est de là que vient le regard de Naja Naja[11] ». A l'instar de la marche dans *Trois villes saintes*, l'itinéraire de Naja Naja est comme tiré constamment et mystérieusement vers un secret ; ceci se traduit le plus souvent par la fuite, l'élargissement infini de l'itinéraire, et sa reconversion dans un espace imaginaire créé à partir d'une fumée, d'un nuage ou d'une lumière quelconque en expansion. Ces constructions d'images sont autant de représentations d'un retour à la source de l'immense univers cosmique. Suivre le sillage de Naja Naja, c'est refuser la conception linéaire d'un temps limité pour chaque être, de la naissance à la mort. Naja Naja incarne une force constante

---

8. *In*, p. 131.
9. Cf. Gaston Bachelard, *L'eau et les rêves*, Corti, 1942.
10. *V*, p. 24.
11. *Ibid.* p. 253.

de retour ; c'est « en marchant en arrière dans le temps[12] » qu'on peut espérer la rejoindre. Suivre Naja Naja, c'est tendre vers une réintégration dans le silence de l'origine, c'est effectuer une pénétration de lieux sans frontières, sans mémoire.

La poursuite de Naja Naja s'apparente à la quête de l'eau primordiale, « l'eau ancienne, le langage » : Naja Naja, l'« eau » qui ne peut être connue, atteinte que dans une marche à contre-courant. Si l'on se reporte à une étude de Bachelard sur « la parole de l'eau », le nom même de Naja Naja, par son unique voyelle *a*, suggèrerait l'eau :

> « Jai lu (...) dans Bachoffen, que la voyelle *a* est la voyelle de l'eau. Elle commande aqua, apa, wasser. C'est le phonème de la création par l'eau. L'*a* marque une matière première. C'est la lettre initiale du poème universel[13]. »

On remarquera que dans Naja Naja, cette lettre initiale est quadruplée, ce qui introduit l'idée d'une totalité du créé — quatre étant le nombre totalisant[14] — le *a* quadruplé ferait donc signe à une eau primordiale, créatrice :

> « Écoutez, je suis très grande, je suis immense (...)
> Je suis celle qu'on habite[15]. »

La véritable dimension de la marche à contre-courant le clézienne se trouve dans l'alternance des deux cheminements qui structurent le récit *Désert* : celui des hommes bleus dans le désert et celui de Lalla dans la Cité marocaine, puis à Marseille. Ces deux marches à contre-courant se reflètent l'une dans l'autre, et reflètent les marches des hommes de *Trois villes saintes*, de Naja Naja et du petit garçon inconnu sur la terre. Bien qu'historiquement séparées par une cinquantaine d'années, les marches des hommes bleus et de Lalla se répondent, se font écho, et semblent ainsi abolir le temps linéaire pour fusionner en une unique marche sur un point où sont indifférenciés commencement

---

12. *Ibid.* p. 253.
13. *L'eau et les rêves, op. cit.* p. 253.
14. Cf. *Dictionnaire des symboles*, Laffond, p. 796.
15. *V*, p. 276.

et fin. Les hommes bleus sont nés « du désert, aucun autre chemin ne pouvait les conduire[16] » ; Lalla, fille du désert, traverse, comme Naja Naja, le faux désert de la ville : elle marche à contre-courant de la foule des avenues, des magasins, des dancing... ce qu'elle aime c'est l'envers de la ville (les chats, les déclassés, les marginaux) ; elle ne cesse d'être en marche vers le vrai désert, celui des hommes bleus. A l'endroit où ce désert rejoint la mer, où s'élève un figuier immense qui « semble occuper le ciel tout entier[17] », tel l'arbre cosmique, en ce point où se réalise la Totalité, elle mettra au monde l'enfant du Hartani, le berger *muet* des dunes :

> « Accroupie au pied du grand arbre sombre, elle défait la ceinture de sa robe (...) l'arbre oscille un peu en faisant tomber une pluie de gouttes de rosée. L'eau vierge coule sur le visage de Lalla, et elle la boit avec délices[18]. »

La marche à contre-courant va pour ainsi dire, à la rencontre de « l'eau ancienne, le langage », de l'eau vierge qui fait naître[19]. On ne manquera pas de remarquer que le nom de Lalla, comme celui de Naja, n'offre qu'une unique voyelle le *a*, la voyelle de l'eau.

Ainsi le long cheminement continuel de retour trouve son accomplissement dans l'instant où sur le désert coule l'eau vierge, dans l'instant où déchirant le silence inerte, s'élève le cri de la vie » :

> « (...) ses reins et son dos touchent les racines du figuier. L'air entre enfin dans ses poumons, et au même instant, elle entend le cri aigu de l'enfant[20]. »

Dans de tels récits, le langage poétique traçant une marche à contre-courant, tente de rejoindre le silence de l'origine en multipliant les images de l'ouverture et du passage.

16. *Désert, op. cit.* p. 8.
17. *Ibid.* p. 392 (dans les traditions indo-méditarranéennes, le figuier est un arbre sacré associé aux rites de fécondations).
18. *Ibid.* p. 394.
19. Cf. la fin du récit *Trois villes saintes.*
20. *Désert,* p. 395.

Il raconte le désir de forcer l'opacité du silence désertique, d'atteindre à un silence fécond vers le Silence en lui-même, en d'autres termes de retrouver la « formule » primordiale de l'éveil du Silence :

> « derrière les yeux il y a l'étendue de la terre silencieuse qui *s'ouvre, écartant* deux rideaux très larges qui *dévoilent* le pays enfin libre[21]. »

Dire la terre silencieuse qui s'ouvre et semble se prolonger à l'infini sur un pays enfin libre, c'est vouloir saisir par le pouvoir de l'image, le silence inerte devenant énergétique. Or ce pays enfin libre naît « derrière les yeux » — dans un regard « à contre-courant », qui fait retour en lui-même, qui *se* voit. Pour saisir la portée de cette image, il faut se reporter au texte de *Mydriase* qui offre quelques pages particulièrement saisissantes sur les yeux et le regard. Elles présentent un récit de la création, de l'enfantement des vraies sources de l'énergie, à partir des yeux, « utérus distendus par où va sortir la vie[22] » — des Yeux qui iconisent le Silence et la vie tout à la fois.

Une autre image frappante du passage, de l'éveil, se détache dans les dernières pages de *Voyages de l'autre côté* :

> « (...) on était à la surface, enfin, on avait percé le plafond et les murs, jusqu'à l'air libre, jusqu'au silence[23]. »

Et cette percée débouche sur « une lumière qui ne peut plus s'éteindre » — serait-ce le Silence en lui-même ? — L'image de la percée s'étale et se développe en un vaste tableau descriptif de l'autre côté de la vie et/ou de la mort... et « c'était comme au début[24] », le grand Silence que des statues « aux *yeux tournés vers l'intérieur*[25] représentent. On rejoint l'image précédente tirée de *Trois villes saintes* : « derrière les yeux (...) le pays enfin libre », et celle de

21. *Ts*, p. 34.
22. *Mydriase*, op. cit. p. 28.
23. *V*, p. 303.
24. *Ibid.* p. 308.
25. *Ibid.* p. 306-308 (c'est nous qui soulignons).

Mydriase, les « yeux » de l'enfantement, du Commencement.

C'est précisément un commencement qu'inscrit la fin du récit *Voyages de l'autre côté* : deux lignes comme deux vers détachés d'un poème tracent au centre de la page blanche, un appel, une direction :

> « Entendez-vous le murmure du torrent dans la montagne ? Là est l'entrée[26]. »

Du silence se délie le murmure du torrent, la parole de l'eau ancienne ; elle résonne dans la montagne, là où se récapitulent hauteur et centre, là où se concentre l'Énergie matérielle. Tout le récit était une longue « remontée » vers l'extrême et le commencement, vers l'*entrée* :

> « En allant vers le silence et vers la mort, je n'allais pas vers le néant. J'allais vers ce qui est plus plein que moi (...) vers ce qui est océan[27] ».

L'approche des « Hautes Terres » du silence gracquien appelle un mouvement à contre-courant qui est clairement mis en valeur dans diverses situations fictionnelles. Dans *La Presqu'île*, Simon roule vers la mer alors que tous les vacanciers la quittent :

> « Il prit conscience qu'il était seul, roulant absurdement vers la mer, dans cette fin de vacances que chacun achevait de déserter[28]. »

Constatant que c'est l'époque où « l'on ferme », lui, Simon, allait « ouvrir les routes[29] ». Significatives sont d'ailleurs les expressions « rouler à reculons », « remonter la rampe[30] » qui se glissent subrepticement dans les premières pages du récit qu'elles orientent dans le sens d'un contre-courant. La route de Simon ne cesse pas d'être un mouvement de remontée vers « l'ancien pays », le pays de l'enfance qui va se re-créer,

---

26. *V*, p. 309.
27. *L'extase matérielle, op. cit.* p. 289.
28. *Pr*, p. 66.
29. *Ibid.* p. 51.
30. *Ibid.* p. 40-41.

se dire et se décrire en termes d'avènement. Il se métamorphose en un « nouveau pays » où la rencontre avec l'événement — Irmgard — devrait prendre tout son sens et s'accomplir pleinement. Sur cette route l'anticipation et le souvenir se tissent ensemble ; les temps se mêlent et s'annulent, comme le reflètent les nombreuses incursions du futur et du conditionnel présent, dans la trame d'un récit écrit au passé. Il semblerait que tout se passe comme si le mouvement à contre-courant engendrait un instant éternisé. C'est la route d'une « petite mort » et d'une re-naissance[31]. Le départ s'effectue sous l'emprise d'un « blanc » : « Il se fit dans son esprit un *blanc* presque parfait de quelques secondes[32] — fulgurant contact avec un silence qui se creuse. Entre le héros et l'événement attendu mais différé, s'étalent les nappes d'un silence inerte que la marche à contre-courant va réveiller.

C'est par une succession de vides que s'amorce une marche dans *Le Roi Cophétua* : vide du train, vide des gares, vide d'un après-midi de Toussaint — « le train qui ne ramenait personne au front, traînait dans chaque gare[33] ». L'impression d'un retour à autre chose, d'un contre-courant, provient du fait que d'une certaine manière le héros-narrateur s'inscrit en faux contre ces vides créés par la situation présente : la guerre. Il s'éloigne : « Paris me semblait brusquement très loin, *coupé de moi* par ces forêts trempées, cette tempête noire[34] » ; il se sépare pour s'acheminer vers une rencontre, une reconnaissance : retrouver l'ami du passé, de l'avant-guerre. Or, ce mouvement de retour va prendre une tout autre dimension. Il va s'ériger en une sorte de liturgie qui éveillera au sein du silence (silence de Nueil — l'ami —, silence de Braye la Forêt —

---

31. Cf. p. 35 : le tarot gracquien « la petite mort » porte en son envers le signe d'une renaissance. Aussi le héros qui fait exister cette route, avouera-t-il avoir le sentiment d'être « né deux fois » (*Pr*, p. 103).
32. *Pr*, p. 45.
33. *RC*, p. 189.
34. *Ibid.* p. 213 (c'est nous qui soulignons).

le lieu —) une opération mystérieuse. Le mouvement de
retour va émouvoir un secret que ce silence enveloppe :

« Il me semblait que je venais au fond de cette cavée perdue dans les feuilles *éveiller* je ne sais quoi d'*enseveli*[35]. »

Le mouvement de retour déclenche un scénario étrange qui
« peut-être ne cherchait qu'à *ressusciter* (...) un enchantement perdu[36]. *Éveiller, ressusciter*, ces deux verbes, l'un
situé au commencement et l'autre à la fin du récit, enca-
drent l'aventure : la marche à contre-courant éveille un
secret au creux du silence, et lui fait prendre corps. L'aventure racontée se dessine alors comme une vaste métaphore
de l'éveil du silence. Le récit isole et grossit l'instant où
un silence inerte se fait silence énergétique. Il organise ce
passage, cette ligne de démarcation, en spectacle. Le récit
met en scène cet instant dans une fiction qui pourrait se
définir comme un « entre-deux », car ce n'est pas indifférent, nous semble-t-il, que dans la première page du *Roi
Cophétua*, se détache seul en italique, ce terme *entre-deux*
qui d'ailleurs, pourrait également s'attribuer aux deux
autres récits : *La Presqu'île*, récit de l'*entre* deux trains :
La Route, récit du vieil itinéraire *entre* le Royaume et la
Montagne.

Il serait possible d'établir à partir de ces trois récits, un
registre de mots et d'expressions — dont certains sont en
italique dans le texte — formant un réseau sémantique
ayant trait au passage. Or, dans le texte gracquien, passage
et ouverture ne forment qu'une seule et même représentation qui doit se comprendre à la fois dans le sens du prélude musical qui introduit et annonce, et dans le sens de
l'embellie lumineuse qui construit une échappée sur un
horizon clair.

Dans *La Presqu'île*, l'itinéraire à contre-courant que
compose Simon est explicitement placé sous le signe d'un
prélude :

---

35. *Ibid.* p. 195 (c'est nous qui soulignons).
36. *Ibid.* p. 247 (c'est nous qui soulignons).

« Il irait revoir la mer. C'était une *ouverture* qu'il allait jouer pour lui tout seul[37]. »

Le discours descriptif fait apparaître le point sommet de l'itinéraire dans une phrase nominale dont les termes connotent un élargissement infini, une « embellie » démesurée :

« Le bout de la route — le pays — la mer[38]. »

C'est comme si, en ce point, il se faisait une échancrure immense sur l'espace d'une clarté neuve insupportable : « Jamais la mer ne lui avait paru d'une jeunesse aussi cruelle[39]. »

De même dans *Le Roi Cophétua*, l'itinéraire se définit en tant qu'ouverture : « Je commençais à marcher sur une route qu'elle m'avait ouverte », et débouche sur une embellie de lumière naissante qui semble agrandir indéfiniment la chambre où s'était accumulé le silence inerte du lieu :

« un soleil jeune et encore mouillé entrait à flots dans la chambre (...) L'air était d'une fraîcheur baptismale[40]. »

Avec le qualificatif *baptismal* s'inscrit l'opération sacramentelle d'une renaissance et avec elle, une mystérieuse fécondation du silence de La Fougeraie qui avait imposé au départ de l'aventure, l'opacité et la pesanteur d'un secret immobilisé. Ouvrons ici une parenthèse pour remarquer que cette même composition métaphorique du passage à la fois prélude et embellie, se trouvait déjà dans le premier récit de Julien Gracq, *Au château d'Argol*, où la renaissance y est mise fortement en relief par l'italique conférée au terme *baptême* : à « l'étreinte envahissante » du silence nocturne succède la « radieuse clarté du jour », « la marque véritable du *baptême* d'une journée nouvelle et comme l'onction même, rafraîchissante et délectable, du matin[41]. »

37. *Pr*, p. 52.
38. *Ibid.* p. 103.
39. *Ibid.* p. 110.
40. *RC*, p. 250.
41. *Au Château d'Argol*, Corti, 1945, p. 139.

Les images qui s'ordonnent autour du terme *baptismal*, esquissent une représentation du retour au matin de la Création où tout est premier, neuf. Le terme lui-même sur lequel se focalise la description, fait référence à une entrée lumineuse impliquant deux facteurs : l'eau pure et la parole ; ceci rappelle « l'eau ancienne et le langage » qui, dans le texte le clézien, s'étaient affirmés en tant que signes opérant une ouverture sur l'énergie du silence.

Dans *La Route*, le vieux chemin qui se raconte, écrit les temps mêlés de la fin et de l'origine. « Mangée peu à peu par la terre comme par une chair qui se reforme[42] », la route fragmentée, qui va à contre-courant, s'effaçant, matérialise un passage, un retour à une enfance, à une vie antérieure. Ceux qui empruntent le vieux chemin qui conduit du Royaume à la Montagne cernée et lointaine, entrent dans l'aventure d'une marche à contre-courant. Le discours descriptif construit cette marche lorsqu'il traduit le chemin fossile qui va s'effritant, disparaissant, en un « sillage éveillé[43] ». C'est ainsi que d'un bout à l'autre du récit de la route, se soulèvent les images récurrentes d'une promesse d'une vie nouvelle comme s'il y avait une transposition de la route dans un ordre spirituel, cette route qui s'oriente vers la Montagne, vers l'axe cosmique. Le silence de sommeil, de ruines, se réveille : l'image de l'herbe fraîche qui surgit çà et là, entre les anciennes dalles[44] en est le signe. Le mot *éclaircie* viendra par deux fois, se substituer au mot *route*, évoquant ainsi une sorte de transfiguration du vieux chemin en un rai de lumière nouvelle[45]. La branche fleurie que mordillent les « converses » de la Route oriente vers l'idée d'un salut, d'une re-naissance et donc d'un passage du silence inerte au silence énergétique. En effet la branche fleurie n'est pas sans évoquer la branche d'olivier rapportée par la colombe de l'arche, ce que d'ailleurs vient confirmer la comparaison établie entre ces femmes,

42. *R*, p. 11.
43. *Ibid.* p. 27.
44. *R*, p. 12-14-24.
45. *Ibid.* p. 13-17.

converses de la Route, et des oiseaux[46]. De plus l'image de
l'arche entre dans le registre gracquien ; on la trouve insérée deux fois dans le texte de *La Presqu'île*. Ainsi, pour
Simon quitter sa voiture, plonger dans « la marée de silence
montée de la campagne » : « c'était chaque fois comme s'il
débarquait de l'arche, et retrouvait la terre toute neuve[47] ».
Débarquer de l'arche, retrouver la terre toute neuve, n'est-
ce pas là des images propres à signifier l'après-rencontre
avec les femmes de la Route, ou la sortie de la nuit de La
Fougeraie ? A signifier l'aboutissement d'une marche qui
fait retour à l'origine, au point où tout peut commencer.

Au rythme des fuites, des escapades réelles ou menta-
les l'aventure, dans les trois récits d'Henri Bosco, avance
et se développe. On constate que la propension du héros
à rechercher un désert donne à sa fuite, le caractère d'une
marche à contre-courant. Ainsi dans *Hyacinthe*, se trace
un passage entre un présent réel et un passé imaginaire.
Mettre le cap sur des mondes illusoires, poursuivre des
« figures du retour[48] », des images d'une vie antérieure, c'est
pour le héros-narrateur, marcher, ou mieux remonter sur
les traces d'une mémoire imaginaire, éveiller comme dans
Le Roi Cophétua, quelque chose d'enseveli dans une cavée
perdue. « Hyacinthe n'arrivait pas, elle était de retour[49] »,
comme étaient de retour le vieux Cyprien, les nomades, le
maître de La Geneste... Le récit enregistre un vaste mouvement de retour à une enfance, le vaste mouvement
d'éveil d'un silence coïncidant au retour rituel d'une double célébration — païenne et chrétienne — de la vie nouvelle : le retour de Noël et le retour du sacrifice du taureau :

> « Ils reviennent tous les sept ans (...) C'est ici que venaient
> nos pères (...) c'est un anniversaire. Il tombe justement la
> nuit de Noël...[50] »

46. *Ibid.* p. 27-28.
47. *Pr*, p. 76-161.
48. *H*, p. 83-84.
49. *H*, p. 107.
50. *Ibid.* p. 116 (Celui qui se soumettait à l'aspersion du sang fumant

Le premier chapitre de *Sylvius* donne de la famille Mégremut une description minutieuse qui fixe un « courant » et l'installe d'entrée de jeu. Par rapport à ce courant, le récit proprement dit va tracer une extraordinaire marche à contre-courant liée à l'éveil d'un silence. Par rapport au courant du sédentarisme « de génie », de la raison et de l'économie du merveilleux des Mégremut, Sylvius marche à contre-courant. Le récit offre une narration au second degré : l'emboîtement de l'histoire de Sylvius dans celle de la rencontre entre Méjean et Barnabé, accentue l'impression d'une entrée en aventure qui avance à contre-courant.

Méjean que nous pourrions appeler le récitant, celui sur lequel se fonde l'unité de la narration, place le récit sous le signe du passage : « voyageur de nature », il est de retour au pays des Mégremut, mais pour un passage entre deux voyages ; voyageur invétéré, il est l'aventurier qui permet que se soulève « le voile du silence » étendu sur Sylvius par les Mégremut. Aussi son passage va-t-il prendre la dimension d'un voyage autre : celui d'une pénétration dans le vrai silence de Sylvius. Quant à Barnabé, le conteur de l'aventure de son cousin Sylvius, lui aussi va à contre-courant : il brise le mutisme des Mégremut, rompt leur pacte de silence, il parle[51] et fait parler le vrai silence de Sylvius. Comme nous avions pu le voir chez Le Clézio et chez Gracq, c'est à nouveau l'éveil de quelque chose d'enseveli qui va se dire. Le récit *Sylvius* pourrait, en ce sens, être considéré comme une métaphore de l'éveil du silence.

Cet éveil signifiant une libération, sera représenté sous la forme d'une composition musicale. On constate en effet, que le mot *fugue* revient par cinq fois dans le texte de *Sylvius* aux points précis où s'articule l'histoire du conteur (Barnabé) sur celle du récitant (Méjean) :

« Une fugue, mon bon Méjean, et quelle fugue ! me répon-

du taureau, était « renatus in aeternum », né à une nouvelle vie pour l'éternité. Cf. *Dictionnaire des symboles, op. cit.* p. 931).

51. L'histoire proprement dite de Sylvius est introduite par les derniers mots du chapitre II : « Et il parla... » (p. 23).

> dit par un autre murmure, la voix douce de Barnabé. Et
> il parla...[52] »

La fugue — évasion — motive le récit d'une aventure qui
va « s'exécuter » comme une *fugue*. Une dérive au cœur
d'un pays de séparation va émouvoir le silence d'une terre
inconnue. Un désir, un rêve inexprimable constituera l'unique sujet d'un mouvement sonore signifié par l'image de
la flûte, un sujet qui se dira, se modulera, se répètera, faisant retour sur lui-même et dans chacune des âmes qui le
possédait déjà dans son silence. Et cette *fugue* — écriture
de l'animation d'un silence, prendra une dimension
cosmique :

> « Il n'y avait plus de pensées ni de paroles dites qui ne fus-
> sent ailleurs reprises et redites différemment par les fées
> et les anges du village. Et ainsi les arbres, les sources se
> mêlaient, sans qu'on sût comment, aux mystères des
> hommes...[53] »

Le silence de l'espace se mêlant au silence intérieur des
êtres, vibre d'une parole, d'un langage nouveau, d'une communication pure :

> « un monde sorti du monde, *fugitivement*, par miracle[54]. »

« Miracle » certes que cette écriture *fugitive* qui cherche
à traduire, à interpréter l'ébranlement du silence dans une
vision magique de commencement, de « vie unanime[55] ».
Comme le mot *fugue* pour le récit *Sylvius*, les termes
« escapade » « échapper » sont des mots-clés de l'ordonnance
et du dynamisme du récit *L'habitant de Sivergues*. Au fur
et à mesure que se succèdent les escapades de l'adolescent
fasciné par la grande montagne sauvage du Lubéron, un
passage ascensionnel (qui rappellerait la Route vers la Montagne, dans *La Route*) se fraye vers Sivergues, figure du
silence inerte. En trois mouvements successifs, précisément

52. *Syl*, p. 23.
53. *Ibid.* p. 61-62.
54. *Ibid.* p. 61 (c'est nous qui soulignons afin de faire remarquer
la relation avec le mot *fugue*).
55. *Ibid.* p. 62.

trois escapades[56], se structure l'aventure proprement dite :
il se pratique une ouverture progressive comme si le regard
perçait peu à peu ce silence. A la première échappée
jusqu'au plateau de Sivergues[57], c'est une perspective qui
se dégage : la maison inaccessible et sa terrasse — perspective d'un silence impénétrable. Lors de la deuxième
échappée[58], l'ouverture s'agrandit, s'approfondit : c'est la
pénétration audacieuse dans la chambre de la maison de
Sivergues — une brèche pratiquée dans le silence inerte.
Enfin, à la troisième échappée[59], l'ouverture se perd dans
un espace infini de lumière : le silence de Sivergues, silence
de pierre, s'est métamorphosé en un silence de lumière,
plein d'énergie et de promesse ; le vieux corps mort du berger figure le passage qui s'effectue :

> « (...) sous ce vieux corps. Rien. La pierre. Mais, par-dessus,
> cette splendeur de flammes...[60] »

Écrire une marche à contre-courant c'est orienter le
récit vers le mystère de son commencement, c'est tracer
un retour : retour à « l'eau ancienne et le langage », à
l'Énergie matérielle pour Le Clézio ; retour vers un matin
de la création pour Julien Gracq ; retour à une vie antérieure, à une source vitale pour Henri Bosco. Écrire une
marche à contre-courant c'est faire du récit un passage :
passage sous forme d'une percée dans le monde en soi et
dans le monde hors de soi — « là où se fait le trou du vertige dans l'épaisseur opaque de notre existence[61] », nous dit
Le Clézio ; passage sous forme de l'arche et de l'éclaircie,
deux figures pouvant caractériser le récit gracquien du
silence ; passage que le récit boscien représente sous la
forme d'une séparation et d'une ouverture sur l'Interdit.

56. Le nombre d'escapades n'est pas indifférent : trois signifie
l'accomplissement intégral (cf. *Dictionnaire des symboles, op. cit.*
p. 973).

57. *HS*, p. 188.

58. *Ibid.* p. 204-207.

59. *Ibid.* p. 232.

60. *Ibid.* p. 233.

61. « Ce dont nous avons besoin (...) c'est « l'ailleurs » » (article de
J.M.G. Le Clézio, « Le magicien », *Nouvelles Littéraires*, 2691/79.

Écrire une marche à contre-courant c'est tendre vers l'origine, c'est mettre en représentation l'éveil d'un silence inerte qui devient énergétique. Dans le récit de Le Clézio, comme dans celui de Gracq ou de Bosco, l'éveil s'inscrit dans un réseau d'images exprimant un silence opaque, plombé, qui va se métamorphosant en un silence lumineux. Mais ce silence lumineux n'en demeure pas moins dur pour Le Clézio, car il fait retour à l'indifférenciation, à l'indistinction primordiale, à une clarté froide, inhumaine ; alors que pour Gracq et pour Bosco, il est promesse, signe d'une réalisation à venir ; et particulièrement pour Bosco, il faudrait ajouter que ce silence lumineux est transparence à une Présence salvatrice.

Enfin, de quelque manière que ce soit, violenter un silence inerte par les sortilèges de l'écriture, revient à quêter des éléments de réponses aux questions primordiales :

« Qu'y a-t-il là-bas ? »
« Qu'y a-t-il au-delà ?[62] »

des éléments de réponses... qui ne pourront être que d'autres silences à mettre en récit.

62. *Mydriase, op. cit.* p. 44.

IV

LE CENTRE

Une des caractéristiques dominantes du paysage d'un récit version du silence, est d'offrir des perspectives mettant en évidence un point. L'espace topographique apparaît constitué par un ensemble de traversées orientées vers ce point... de mire, ou de fuite. La carte de base du récit va présenter des points-centres que la description érige en hauts-lieux, en citadelles de silence où sera tangible un « autre côté » des choses.

Sur la carte descriptive du paysage le clézien, le point de silence possède une double désignation : il se nomme explicitement *centre*, et *ici*. Au centre de l'aire sainte, du pays plat, du terrain vague, du désert[1]... le discours descriptif s'attarde, s'arrête et se concentre ; en accumulant les mots, en relançant les phrases par la répétition de « il y a », il se fait plus dense pour dire la force mystérieuse de ce point, son « énergie calme[2] », « son visage impassible[3] ».

1. *Ts*, p. 26-43 ; *V*, p. 135 ; *Désert*, p. 25.
2. *Ts*, p. 26.
3. *Ibid.* p. 43.

« C'est *ici* (...) un point, un seul point au milieu du désert[4] ».

« *ici*, l'un des lieux les plus sacrés de la terre[5]. »

Écrire ICI, c'est pour le poète tracer une représentation emblématique du point centre ; c'est faire exister simultanément une parole, une monstration, un regard qui structurent un silence. Écrire ICI c'est également signaler « le caillou », ou le « rocher blanc », ou encore « la tour droite et blanche[6] » au cœur de l'illimité ; dire un repère signifiant le rêve, l'attente, la « montagne sacrée », l'axis mundi d'une intense communion cosmique.

Dans le discours descriptif, le mot ICI seul ou juxtaposé au mot « centre », prend la dimension d'un idéogramme. Dans un récit tel que *Trois villes saintes*, les récurrences fréquentes du mot ICI[7] donnent l'impression que le texte se trouve constamment reconduit vers un point de silence, un centre :

« C'est *ici* qu'on arrive[8]. »

ICI, temps et espace sont fixés en un lieu où l'on ne cesse de guetter, en un « maintenant » qui ne finit pas d'être maintenant. ICI, le texte se recharge en une attente plus explicite, plus contraignante :

« *Ici*, on ne peut pas dormir. On ne peut pas être absent. C'est le centre de la conscience (...)[9]

« *Ici*, le lieu le plus vigilant de la terre[10]. »

L'écriture du centre implique l'écriture de la grande image — au sens bachelardien du terme — de la roue, symbole cosmique et solaire. Les rayons sont syntaxiquement tracés dans le texte le clézien, par la récurrence

4. *Ibid.* p. 31 (c'est nous qui soulignons).
5. *Ibid.* p. 33 (c'est nous qui soulignons).
6. *Ibid.* p. 25 ; *V*, p. 34-135.
7. Dans *Trois villes saintes*, récit de quatre-vingt pages, on ne compte pas moins de 18 insertions du mot ICI (dont 12 au centre du récit).
8. *Ts*, p. 31 (c'est nous qui soulignons).
9. *Ibid.* p. 42 (»   ).
10. *Ibid.* p. 41 (»   ).

de phrases présentant une similitude de construction : *il faut* (suivi d'un verbe de mouvement) *vers* (suivi de la référence au centre) :

> « C'est vers lui (le centre) qu'il faut aller (...) en plongeant comme cela, d'un *trait*, jusqu'à l'endroit où tout brûle et rayonne[11]. »

Et le récit de Le Clézio que fait-il d'autre ? sinon lancer de multiples traits de mots, d'images, tous dirigés vers un invisible point, vers « l'endroit où tout brûle et rayonne », vers l'Origine. A chaque instant « il faut partir vers le centre[12] » nous dit le poète. La marche des nomades dans le désert, décrit des routes circulaires concentriques. Naja Naja fait de grands cercles autour d'un point invisible — c'est d'ailleurs son seul mode d'écriture —, autant de figures de l'immense roue au centre de laquelle naît le silence :

> « C'est le silence (...) un silence qui naît continuellement sur le moyeu de l'immense roue de l'air qui tourne[13]. »

En dessinant l'image de la roue, en traçant la convergence vers un centre, le poète cherche à saisir un signe sensible du centre insaisissable du silence. Aussi placera-t-il au centre du désert, une voix, un souffle qui diront la communion au silence : la voix et le souffle de l'« homme bleu », de l'homme de prière, du Séparé qui assume en lui-même tout l'infini désertique :

> « (...) chaque syllabe longue, détachée et pure, éclatant au centre du silence[14]. »

> « C'était lui (Ma el Aïne) le centre du souffle[15]. »

Le centre du silence serait signifié, matérialisé par une voix, une présence, un visage qui pourrait se décrire. Mais on constate que la description accorde cette voix, ce visage aux dimensions infinies de l'espace désertique, spécifiant

11. *In*, p. 52.
12. *Ibid.* p. 53.
13. *V*, p. 121.
14. *Désert*, p. 54.
15. *Ibid.* p. 66.

ainsi que le centre du silence demeure insituable. Comme le son, comme le souffle, il ouvre et déchire un vide ; il préfigure le centre de ce qui n'a pas de centre, le Silence absolu, primordial et dernier :

> « Les routes étaient venues de tous les temps et de tous les lieux, jusqu'au cœur de la spirale, jusqu'au centre où il n'y a plus de centre[16]. »

Parce qu'ils préfigurent cet unique Centre, les centres des divers lieux exposés ne peuvent qu'être définis par leur rapport au silence. Le caillou, le rocher blanc, le visage... ce sont des « points » où le silence s'évalue qualitativement et quantitativement par le truchement d'images qui connotent une énergie et son rayonnement :

> « l'endroit (le centre) où tout brûle et rayonne (...) la plage d'extrême lumière où la vie est encore à l'intérieur de sa coquille[17]. »
>
> « (le centre) c'est le silence enfin accompli[18] »
>
> « (le centre) c'est là que se forme le silence le plus impénétrable[19]. »

Remarquons que cette énergie sera parfois, nettement mise en représentation par la graphie même du texte, ainsi :

> « (le centre) c'est L'ENDROIT LE PLUS SILENCIEUX DU MONDE[20]. »

La marche des hommes bleus dans le désert, les cercles au centre desquels se situe Naja Naja lorsqu'elle désire écrire un poème ou inventer une histoire[21], la coquille du petit garçon inconnu sur la terre[22] écrivent la quête d'un Centre unique, celui du Silence créateur.

16. *V*, p. 307.
17. *In*, p. 52.
18. *Ibid.* p. 53.
19. *V*, p. 34.
20. *Ibid.*
21. *V*, 79.
22. Le dessin d'une coquille signe les premières pages du récit ; il fait suite à l'image de la « plage d'extrême lumière où la vie est encore à l'intérieur de sa coquille. »

Si dans le texte de Le Clézio, le mot ICI écrit un point de silence lié à un centre, dans le texte de Gracq ce serait plutôt le mot LA-BAS. Plus souvent sous-entendu qu'écrit, LA-BAS est ce « mot en blanc » que l'on ressent au détour de bien des images significatives d'un silence, des images en relation avec un paysage où l'à-pic s'affirme en tant que limite de l'ICI qui invite à voir LA-BAS.

L'écriture du centre dans le récit gracquien exprime en effet, cette « exigence d'un lointain, d'un recul pris « dont parle l'auteur de *Préférences*[23]. Aussi est-ce un centre dont la situation en hauteur privilégie le point de fuite, un sommet ouvrant sur un espace illimité, que le poète va ériger en centre de gravité de son récit. Ce sera par exemple, la chambre de l'Hôtel des Bains, dans *La Presqu'île* : avec son balcon et sa porte-fenêtre.

> « La chambre s'ouvrait sur la mer (…) plutôt comme s'ouvre sur le décor une avant-scène de théâtre (…) une *loge de mer* plutôt qu'une chambre[24] »

la villa de La Fougeraie, dans *Le Roi Cophétua*, une demeure aux

> « baies spacieuses, coupées d'une porte-fenêtre (qui) regardaient au-delà de la pelouse[25]. »

Deux images stigmatisent le centre gracquien — haut-lieu tendu vers « là-bas » — deux images qui se recoupent dans celle d'une avancée : la porte-fenêtre, l'avant-scène. La porte-fenêtre évoque à la fois la sécurité et le risque, la position frontière et le seuil à franchir ; elle suppose la vitre qui d'une certaine manière, valorise le regard à travers, au-delà, tout en demeurant sur la lisière. Le héros reste en-deçà, mais il communie déjà par son rêve, au mystère d'un là-bas inaccessible vers lequel tend son désir. L'image de l'avant-scène met en quelque sorte le centre en représentation : « quelque chose » ou « quelqu'un » est

23. *Préférences*, Corti, 1961, p. 66.
24. *Pr*, p. 116.
25. *RC*, p. 200.

rendu présent par les jeux de l'imaginaire. Mais ne s'agirait-il pas plutôt d'une célébration ? L'avant-scène gracquienne suppose en effet, un théâtre apparenté à un temple : ce qu'on y joue offre un caractère rituel.

Le centre, point de convergence de toutes les forces du récit, se trouve également défini par l'image d'une « boîte d'optique dépaysante[26] ». Le héros-narrateur du *Roi Cophétua* se sent à la fois en-dedans et en-dehors de la villa, cette boîte de verre où le silence s'accumule, où la présence d'un là-bas se fait envahissante. Car c'est précisément le silence de là-bas qui est le maître du centre gracquien ; un silence qui rejette et exclut ; un silence qui n'est plus seulement l'enveloppe du souvenir, mais qui consacre l'Absence en elle-même.

La chambre de l'Hôtel des Bains, pièce close, « comblée de silence[27] », est aussi comblée *par* le silence. Elle s'érige aux yeux du héros-narrateur en une réserve impénétrable, destinée à l'Absence : elle n'attend personne, elle ne veut personne, « il n'y avait pas de place ici pour une vivante[28]. » Le discours essaie de retenir l'impression fugitive et troublante d'un contact avec un silence autre, inhumain.

La villa de Braye-en-forêt est, elle aussi, comblée de silence et comblée *par* le silence. L'étrange rituel *sans paroles* qui s'y déroule n'est autre qu'une célébration de l'Absence. Le héros-narrateur se sent un objet, nécessaire sans doute au cérémonial, mais « pourtant intimement, paisiblement exclu[29] ». Il n'y a pas place pour lui, le vivant, mais seulement pour le personnage qu'il doit jouer, l'espace d'une nuit, dans ce Jeu de l'Absence.

Tel le hameau de *La Route* adossé à une lisière, le centre gracquien offre le caractère assez déroutant et inquiétant d'une demeure *évacuée*. C'est précisément ce qu'indique Julien Gracq lorsque parlant de l'image du réduit central, il avoue qu'il s'agit pour lui moins d'un endroit que

26. *RC*, p. 218.
27. *Pr*, p. 131.
28. *Ibid.*
29. *RC*, p. 246.

de « quelqu'un qui *devrait* être là et qui n'y est pas[30]. »
Ainsi, la chambre de l'Hôtel des Bains concrétise l'absence
d'Irmgard, comme la ville de Braye concrétise l'absence de
Nueil. Irmgard, Nueil... quelqu'un qui *devrait* être là et qui
n'y est pas. Et au fur et à mesure que se déroule l'aventure, on a l'impression que la figure du personnage absent
s'estompe, alors que le sentiment de l'Absence pure envahit et comble le lieu. Il s'érige alors un centre qui pourrait
se définir comme le cénacle d'opérations du silence.
   Les cercles que Naja Naja dessine sur le sable disent
l'existence d'un centre au rayonnement horizontal. D'ailleurs, la structure du récit le clézien pourrait se schémati-
ser par des plages de cercles concentriques qui se resser-
rent autour d'un point de silence, appelant l'image d'une
profondeur recéleuse de toutes les virtualités de la Matière.
Par contre le centre gracquien implique un mouvement
ascensionnel ; s'il nous fallait établir le diagramme du récit,
on obtiendrait une ligne brisée dont les sommets témoigne-
raient de tentatives répétées d'écrire une dernière limite
qui se détache en hauteur, un « tête à tête » avec le silence
des espaces, le silence de « là-bas ».

   Le récit boscien va offrir la synthèse de ces deux modes
d'expression du centre, en présentant une structure au double rayonnement horizontal et vertical, à partir d'un point
de silence.
   Des paysages connus, nettement définis, désignés par
leurs noms propres, se dépouillent de leur enveloppe fami-
lière pour laisser transpirer un mystère. Ils se transforment
par l'effet du jeu descriptif, en zones de silence qui s'éten-
dent horizontalement et qui en même temps, s'élèvent par
paliers vers un centre caractérisé par sa verticalité. Vers
le Chêne, mènent les traversées successives de la Lande,
des Amelières, dans *Sylvius*. Vers la flamme d'une lampe,
mènent les nappes de solitude et de silence du Plateau
St Gabriel, de La Commanderie, de La Geneste, dans *Hyacinthe*. Vers la terrasse de Sivergues, monte le silence des

---

30. *Préférences, op. cit.* p. 166.

terres incultes et des plateaux du Lubéron, dans L'*habitant de Sivergues*. Le chêne, la lampe, la terrasse sont des centres qui à la fois s'étalent et se dressent ; ce sont des « gestes » de rassemblement, de médiation et d'offrande ; ce sont des signes de lumière. Le centre boscien est un point de rayonnement lumineux, un silence exprimé par une luminosité qui pénètre l'espace :

> « Sous les branches (du Chêne) pendaient des lanternes (...) des lampions multicolores. Le théâtre en était illuminé[31] »

le théâtre de la « fable visible », l'écriture du récit qui enveloppe « l'invisible fable » : le silence.

> « c'était *ma lampe* (...) la seule étoile de l'hiver (...) elle suggérait des mystères[32]. »

« ma lampe », celle du narrateur, celle qui préside à l'écriture du récit, « des mystères ».

> « par-dessus les toits on apercevait les dalles d'une terrasse (...) Le soleil, qui descendait à ma droite, devait inonder la façade[33]. »

point de lumière dans l'ombre de Sivergues, cette luminosité « fait flamber de petites vitres[34] » et stigmatise la demeure qui se fera le centre d'une grandiose illumination dans laquelle se perd le récit : « Je n'ai jamais su ce qui s'était passé ensuite[35]. » Incapable d'achever son récit, le narrateur doit recourir au récit d'un autre ; il devient le lecteur du *Journal d'Antoine Méritan, Curé de Vaugines* pour tenter de forcer le secret du centre de Sivergues, et de donner une fin à la « fable visible », tout en sachant bien que la « fable invisible » appartient au silence.

Si le centre boscien, comme nous venons de le voir, se caractérise par une luminosité, il n'en demeure pas moins

---

31. *Syl*, p. 54.
32. *H*, p. 17-18 (c'est nous qui soulignons).
33. *HS*, p. 194.
34. *Ibid*. p. 195.
35. *Ibid*. p. 235.

marqué par l'ombre. A l'instar de l'inquiétante armoire, dans *L'habitant de Sivergues*, le centre offre une « face fermée redoutable ». Il n'est pas innocent ; sa structure de « forteresse » enferme une sorte d'âme, « l'entêtement d'une pensée massive[36] ». Telle l'armoire s'élevant comme une borne, le chêne, la lampe, la façade de la maison de Sivergues sont plantés dans le paysage du récit, comme des stèles. Corps et âme, ils gardent et se souviennent farouchement ; ils sont essentiellement des silences : « ils n'expriment pas ; ils signifient ; ils sont », pour reprendre la définition que Victor Ségalen donnait des caractères incrustés dans les stèles chinoises[37].

Luminosité et ombre, accueil et hostilité, l'ambiguïté du centre dans le récit boscien, s'avère fortement provocatrice, et incite d'une certaine façon le héros à exécuter un geste fatal de violation. Aussi l'écriture du centre deviendra-t-elle parfois, l'écriture d'une tentative d'effraction du silence — le silence de l'interdit, de l'exclusion qui n'est pas sans rappeler celui du centre gracquien.

Dans *Hyacinthe*, le rapt de la lampe déchire le silence du centre, La Geneste ; plaintes, gémissements montent de la demeure, et constituent une sorte de chant funèbre, une « basse tragique[38] ». Le geste de violation du centre et ses séquelles — la montée de la peur, le sentiment aigu d'une insupportable solitude, le désir de fuir — peuvent être interprétés comme une expression du mythe du paradis perdu : « La Geneste ne voulait plus de moi » — « j'avais tué la lumière » — « Je compris qu'il me fallait fuir[39] ». Le geste de violation du silence que signifie la lampe, éclaire cruellement un silence intérieur de l'être, et « recharge » le récit.

Dans *L'habitant de Sivergues*, le silence de l'interdit matériellement représenté d'une part, par l'armoire « grande forme de chêne, hostile[40] », et d'autre part, par

36. *Ibid.* p. 169-185.
37. Victor Ségalen, *Stèles*, Poésie/Gallimard, p. 24.
38. *H*, p. 188.
39. *Ibid.* p. 189.
40. *HS*, p. 169.

la maison de Sivergues « bâtisse trapue, avec tous ses volets fermés[41] », est enfreint par l'adolescent à l'imagination exacerbée : « C'était fou. N'importe ! J'étais poussé[42]. » Le geste de violation du silence du centre — forcer l'armoire, épier la vieille demeure de Sivergues — opère comme un oracle : il révèle d'une manière ambiguë, dévoile à demi et diffuse le mystère mettant à nu quelques fragments d'une histoire passée qui vont dynamiser le récit.

Un *Domaine*, un *Temple*, ce sont les termes qui nous semblent convenir le mieux pour cerner la spécificité, ou plus exactement, la vérité du centre boscien et de son silence. Revenons à *Hyacinthe* où, avec Silvacane, se trouve brossée l'image d'un centre que l'on pourrait qualifier de parfaitement boscien. Silvacane, le Domaine marqué dès l'entrée, comme un temple, par la verticalité de deux grands piliers, signe d'ouverture vers le transcendant que l'on retrouve dans *Sylvius*, avec la verticalité et la solidité du Chêne, et dans *L'habitant de Sivergues*, avec les deux rochers gris qui marquent le départ vers Sivergues[43]. Donnant sur un escalier monumental, l'esplanade de Silvacane s'étale comme un vaste autel surélevé, tel un geste d'offrande figé dans son mouvement ascensionnel ; ce même geste que symbolise la terrasse de Sivergues qui surplombe à pic la vallée[44], et l'enclos de Ste Delphine accroché au flanc de la colline — dernière demeure de Sylvius[45]. Une luminosité éblouissante baigne l'espace de silence qui cerne la demeure de Silvacane — une demeure à l'intérieur de laquelle le fil de lumière d'une bougie répond à l'éblouissement extérieur : il dit la fidélité de la lumière au grand silence, comme le dit le cierge de l'église de nuit des Amelières, comme le dit la multiplication des bougies sur la terrasse de Sivergues.

41. *Ibid.* p. 194.
42. *Ibid.* p. 208.
43. *HS*, p. 168.
44. *HS*, p. 195.
45. *Syl*, p. 76.

Ainsi du point de silence le clézien au Domaine boscien, en passant par l'avant-scène gracquienne, les images poétiques ont permis que s'accomplisse une sorte d'itinéraire de la dynamique du centre dans le récit, version du silence. Point d'application d'une mystérieuse force énergétique dans le récit de Le Clézio, le centre s'est érigé en un lieu d'attente gorgé du silence de l'Absence dans le récit de Gracq, pour s'épanouir en un lieu de célébration du silence de la Présence dans le récit de Bosco. Le caillou de Naja Naja autour duquel se dessinent des cercles concentriques, ou le rocher blanc de l'enfant inconnu sur la terre, nous apparaissent alors, comme la première pierre posée du Temple boscien.

Que ce soit le point de silence le clézien, ou l'avant-scène gracquienne, ou le Domaine boscien, le centre « se pose » dans le mouvement du récit, comme un point d'orgue[46] : l'aventure s'y confond à une force silencieuse maintenue en suspens. En racontant le centre, l'écriture se met à l'écoute d'une note unique de silence.

---

46. A plusieurs reprises, Julien Gracq compare le silence à un point d'orgue (par exemple dans *Liberté Grande*, Corti, 1946, « L'appareillage ambigü »).

V

L'HORIZON

Au centre, à l'heure où le soleil descend vers l'horizon, Naja Naja assise sur son caillou, les yeux perdus au loin[1], compose des récits merveilleux faits de mots reflétant leur envers de silence, des récits où l'impossible est vaincu. Les histoires de Naja Naja qui naissent au centre, font voyager toujours plus loin ; elles s'étalent vers l'horizon, prennent possession des espaces silencieux et... au-delà : par le pouvoir de l'histoire racontée « aller là où il n'y a pas d'hiver ni d'été[2]. »

L'enfant inconnu sur la terre, assis au centre, sur son rocher blanc, fixe son cerf-volant[3] qui franchit les espaces ; il ne fait plus qu'un avec lui. Du rocher à l'horizon, c'est toute une histoire que trame le cerf-volant, c'est toute une musique qui se compose.

Or, les histoires de Naja Naja, comme les tracés du cerf-volant de l'enfant, sont des mises en abyme de l'écriture du récit le clézien qui se développerait donc, d'un point de silence — le centre — vers une ligne de silence — l'horizon.

1. *V*, p. 135-139.
2. *Ibid.* p. 148.
3. *In*, p. 188... 190 et p. 314.

Ce mouvement n'est autre que celui du nomade qui, fasciné par l'horizon, marche indéfiniment tout en ne cessant pas d'être rattaché au centre de l'immensité désertique. L'image s'avère indissociable de l'image du centre. Dans de tels récits poétiques, la relation essentielle centre/horizon formule en quelque sorte le silence. Être au centre, c'est se situer plus loin, c'est tendre vers l'ailleurs, vers l'horizon. La villa entièrement vitrée du *Roi Cophétua*, ou la loge sur mer de *La Presqu'île* sont des centres qui ne semblent exister que pour conduire, tirer le regard vers un « plus loin ». Et le Domaine boscien réalise dans une débauche de transparence et de lumière, la fusion du centre et de l'horizon[4].

Dans le récit, version du silence, la thématique du centre appelle nécessairement celle de l'horizon. Sur la carte de ce récit, les points de silence doivent s'interpréter comme des index pointés vers le tracé d'un horizon qu'il nous faut chercher à discerner et à interroger — un tracé qui écrit une invitation au « voyage de l'autre côté » à déchiffrer.

C'est précisément dans son récit *Voyages de l'autre côté*, que Le Clézio consacre tout un chapitre à l'horizon. Le poète donne la parole à un être nommé « Horizon Lointain » qui se décrit dans un long monologue présentant l'aspect d'un poème en prose. Cette traduction d'une mise en écoute du poète par l'horizon, trahit une fascination de l'ultime frontière qui se retrouvera dans les autres récits. « Mince ligne qui passe entre la mer et le ciel » — « fil d'une lame » — « limite des pensées » — « seule barrière qu'on ne franchit pas » — « l'île qu'on atteindra pas » — « barrière des regards[5] »... les désignateurs se multiplient afin de capter dans des mots inhabiles cette démarcation définitive, tranchante, inatteignable. L'extrême limite, le poète la ressent

4. « Par la porte ouverte sur la terrasse (...) une étendue immatérielle envahissait l'espace et décomposait la matière (...). Une lumière éblouissante s'épandait dans le vide. » (*H*, p. 225).

5. *V*, p. 264 à 267.

certes comme obstacle, mais aussi et surtout comme signe qui amorce un « autre côté ». C'est ce qui se dégage du calligramme apparaissant dans ce même chapitre, « Horizon Lointain » ; un calligramme dont la légende pourrait être « La phrase-horizon[6] ».

Charnière entre deux grands blancs, une phrase coupe la page. Elle n'a ni commencement ni fin : des mots s'enchaînent horizontalement avec leurs reflets. Comme s'ils avaient été écrits sur une surface transparente, ces mots déroulent leurs figures vues alternativement des deux côtés de la vitre. Il s'en suit un tracé graphique ou si l'on préfère, un corps signifiant que le regard saisit comme un double sillage, ou peut-être comme l'image de la vibration sonore d'une note extrême, unique, tenue indéfiniment et qui échappe par sa nudité. La phrase-horizon se présente ainsi dépouillée de toute utilité, et se dérobe à la lecture. Mais elle iconise les deux côtés de la « vitre » : la figure du bruit et la figure du silence du mot, la parole et son silence. A Paul Valéry nous emprunterons une expression qui pourrait fort bien servir de commentaire bref au calligramme « La phrase-horizon » :

« une sensation finie de l'infini[7]. »

« Horizon Lointain » comme toute allusion à l'horizon dans un récit le clézien, traduit l'expérience limite de l'existence, exprime l'impossibilité d'aller au bout, « à l'extrême nord humain » comme l'écrivait Valéry dans ses *Cahiers*[8], soulignant la certitude que là — à l'extrême nord humain — commencerait vraiment l'infranchissable ; certitude qui se recoupe avec celle de Le Clézio pour qui là — à l'horizon — commence vraiment « l'autre côté » :

« Là où je suis (dit Horizon Lointain), il y a la paix, la très grande paix, le très grand silence, parce qu'on est loin, à l'infini[9]. »

6. *Ibid.* p. 267.
7. Paul Valéry, *Cahiers* IV, Gallimard, p. 688.
8. *Ibid.*
9. *V*, p. 266.

Là commence le Silence... Ultime frontière, seuil du Silence, la ligne d'horizon écrit une résonnance infinie du mot « dernier », maître-mot qui se répercute à travers le récit le clézien, ouvrant des chemins de silence :

> « Les derniers hommes bleus avaient avec eux (...) l'*horizon* inaccessible[10]. »

> « Ils marchaient sans s'arrêter (...) Il fallait aller encore plus loin (...) c'était le seul, le *dernier* pays libre peut-être...[11] »

Chez Le Clézio, l'obsession de la ligne d'horizon témoigne d'une perception exacerbée de la finitude qui engage dans une aventure transcendante. L'écriture du rêve de l'horizon opère le dépassement de l'Obstacle : il faut « passer à travers », atteindre et posséder l'« autre côté » qui devient alors, un véritable Graal. Et les chevaliers de ce Graal sont par excellence les nomades du désert, les hommes bleus qui marchent inlassablement, dont le regard ne cessant de se porter sur l'horizon, est « autre », « prophétique » :

> « On marche, léger, sur la ligne d'horizon (...)

> « Chaque homme est un prophète qui voit avec tout son corps[12] ».

Chevalier de ce Graal, Naja Naja l'est également, elle qui marche sur la route des reflets, vers l'horizon, dans le soleil ; elle qui « ne voit plus les mêmes choses[13] » car son regard a pénétré une terre nouvelle ; un Graal qui pourrait s'identifier dans le récit le clézien, à une terre de silence et de lumière immuables, continus, éternels. Sur sa route des reflets, Naja Naja ne cesse de marcher dans la lumière ; et quand les hommes du désert arrivent c'est-à-dire quand ils ont franchi la ligne d'horizon, « il y a un grand silence et un grand calme[14] ».

---

10. *Désert, op. cit.* p. 9 et 410 (c'est nous qui soulignons).
11. *Ibid.* p. 13.
12. *Ts*, p. 70-80.
13. *V*, p. 149-150.
14. *Ts*, p. 82.

Ici, sur la terre nouvelle il n'y a pas d'ombre[15]. Aussi n'y a-t-il plus rien à définir, plus rien à comprendre puisqu'il n'y a plus rien à opposer ; le contraire — l'ombre — est ici inexitant. La ligne d'horizon dans le récit de Le Clézio, va s'affirmer comme une ligne de mort, comme le seuil d'une Absence absolue. Elle figure et rend présente la « mince fissure » dans laquelle les hommes entrent et disparaissent :

> « Là où je suis, dit Horizon Lointain, il n'y a rien , rien, rien[16]. »

> « Ils (les hommes) appellent mon nom (Horizon Lointain) une dernière fois, puis ils arrivent dans l'endroit où la mer et le ciel se rejoignent (...) leur vie sort enfin du cercle, ils connaissent vraiment l'espace[17] ».

Ce « rien » pour le poète est donc une totalité que le récit *L'Inconnu sur la terre* cherche à dire, à répéter indéfiniment dans les images d'une sublimation de la ligne d'horizon :

> « Je ne peux imaginer de frontières. (...) Il y a l'espace, la mer, le ciel. (...) Je suis dans la beauté immédiate. (...) C'est la grandeur, l'intensité de la mer sombre, la force de ce ciel clair, l'extrême tension de l'horizon, parfait jusqu'à la violence, *c'est tout cela qui me nie*[18]. »

L'écriture de la ligne d'horizon implique celle du dépassement, du regard qui refuse de s'éteindre, qui veut nier la limite au risque de se perdre :

> « Il a voulu prolonger ce regard au-delà de l'horizon établi. Mais en faisant cela, en s'enivrant ainsi de son désespoir, jusqu'à l'espoir même, c'était la mort qu'il voulait retrouver[19]. »

De « l'autre côté » les questions se taisent ; l'être se dissout dans « le bleu profond du réel[20] » qui métaphorise l'état absolu de non-tension et de non-désir où Freud voyait

15. *V*, p. 152.
16. *Ibid.* p. 266.
17. *Ibid.* p. 267-268.
18. *In* p. 135 (c'est nous qui soulignons).
19. *L'extase matérielle, op. cit.* p. 269.
20. *In*, p. 136.

la racine de l'instinct de mort. Hanté par « l'autre côté » le poète écrit pour effectuer une traversée des choses vers le Réel absolu : c'est ainsi qu'il crée un personnage tel que Naja Naja qui traverse tout ce qu'elle voit, qui passe facilement de l'autre côté des objets[21], qui se situe de l'autre côté des yeux et des oreilles[22]. L'écriture devient une quête de l'« autre côté » de l'écriture, et par là-même s'érige en tracé de silences :

> « Quand tu as *traversé* (...) les bruits des mots se sont retournés, et il n'y a plus que le silence[23]. »

> « Quand on est passé *à travers* le nom on a senti un grand souffle d'air froid, et on a fermé les yeux à cause de la lumière » (dans le texte s'étale alors un grand blanc)[24].

L'écriture le clézienne ne serait-elle pas à elle-même une « ligne d'horizon » ? n'est-ce pas ce que voudrait signifier ce mot, ce « signe écrasé par la presse sur le papier vierge (qui) avait marqué simultanément sa figure de bruit et sa figure de silence[25] ? » Et la page, surface de l'écrit, serait cette « vitre froide » qui sépare le bruit du silence, sur laquelle viennent se briser les mots[26].

Écrire la ligne d'horizon, lui donner le statut de personnage — Horizon Lointain —, revient dans la poétique le clézienne, à chercher une réalisation de l'infini dans la fixation par l'image d'un éternel ICI[27]. C'est vouloir apprivoiser le prolongement indéfini de silence dans lequel chaque chose s'éternise :

> « Cette main, ce papier, cette encre bleu-noir qui trace ses traits, ce bruit d'insecte qui ronge quand la plume accroche le long de l'écriture, sont infiniment et éternellement eux-mêmes[28]. »

21. *V*, p. 37-111.
22. *Ibid.* p. 30-55.
23. *Ibid.* p. 27 (c'est nous qui soulignons).
24. *Ibid.* p. 205.
25. *L'extase matérielle, op. cit.* p. 279.
26. *V*, p. 37.
27. Cf. chapitre IV.
28. *L'extase matérielle*, p. 273.

L'image de la ligne d'horizon s'estompe dans le récit gracquien, au profit de celles de la lisière, de la bordure d'une terre habitée :

« Ce qui me fascine, ce n'est pas tellement l'en-face, c'est la lisière, la bordure d'une terre habitée, si vous voulez[29]. »

Ainsi répondait Julien Gracq à Gilbert Ernst qui croyait déceler dans l'œuvre de l'écrivain une fascination de l'en-face.

La lisière gracquienne doit être entendue comme une ligne de démarcation entre les confins d'une terre et les lointains estompés, ce qui implique l'idée d'un seuil *avant* l'extrême limite :

« Au bord... il s'attardait ainsi sur les lisières, *un peu avant...*[30] »

« Au bord »... dernière halte pour le héros de *La Presqu'île*, avant d'atteindre la Pointe, la Mer. « Au bord » se situe également la villa de La Fougeraie, « dernier clos bâti[31] » avant d'atteindre la forêt immense, les « masses d'écume verte ». « Au bord » serpente la vieille Route, « dernière ligne de vie[32] ». On constatera que l'image de la lisière s'accompagne de la référence explicite à un *dernier* lieu. Ce mot « dernier » que nous avions pressenti dans le récit le clézien, comme étant un maître-mot de l'écriture du silence, résonne également dans l'espace du récit gracquien, mais plus en sourdine pourrait-on dire. Sa signification se voit légèrement déviée et son caractère irrévocable atténué par le fait d'être un dernier « un peu avant » l'extrême dernier. Le héros gracquien fasciné par l'extrême limite, s'attarde *un peu avant,* et l'italique conférée à cette expression dans le texte met en accentuation la déviation du sens : le dernier n'est encore qu'un avant-dernier.

Par rapport à l'extrême limite, il y a ce léger décalage, cet écart que signifie l'image de la lisière dans le texte grac-

29. *Cahiers de l'Herne*, Julien Gracq, p. 217.
30. *Pr*, p. 85.
31. *RC*, P. 195.
32. *R*, p. 9.

quien. Sur ce bord, le héros se tient à portée de la ligne des lointains[33], il se rend initiable, disons même stigmatisable par elle sans pour autant disparaître en elle, comme disparaissaient les êtres et les choses absorbés par l'Horizon Lointain le clézien. La lisière « un peu avant » fait signe à une sorte de mise en disponibilité où l'être s'ouvre à la résonnance d'un silence. Arrêté sur la lisière, un peu avant la côte, Simon attend dans le silence le « Bruit » — il s'agit du bruit de la mer[34]. Sur « une lisière à peine franche » le silence de la villa de La Fougeraie est traversé par un tremblement sournois, bruit complice de la guerre, de la mort[35]. Dans le récit *La Route* qui pourrait être considéré comme l'histoire d'une lisière entre les terres pacifiées du Royaume et les contrées barbares lointaines, un silence vibrant de signes, reflets de choses lointaines, prend en charge le voyageur, et le sensibilise à ce chemin « fossile (...) dont la direction creusait encore l'horizon vaguement[36] ».

La lisière se profile dans le texte gracquien comme un silence matérialisé qui, tel celui des *Eaux étroites*[37] « un doigt sur les lèvres, debout et immobile » impose l'écoute des signes qui dénoncent la puissance de « l'en-face », de l'extrême limite. S'il semble que Le Clézio veuille par l'écriture, que prenne corps le désir d'atteindre et de dépasser le grand horizon du large, Gracq lui, demande à son écriture de guetter cet horizon, de ménager une sorte de tête à tête avec cet « en face ». Aussi la côte, le rivage seront-ils des figures privilégiées de la lisière gracquienne.

Ligne où se joignent fini et infini, commencement et fin, le rivage rend manifeste le mystère de la limite. Particulièrement dans *La Presqu'île*, il apparaît comme une ligne de silence où s'épuise le réel et naît le rêve : « brusquement ici la vie changeait de clé ». Le rivage fait pressentir les possibilités d'une révélation de l'en-face, de l'ailleurs saisi

33. *Pr*, p. 103.
34. *Pr*, p. 85.
35. *RC*, p. 214.
36. *R*, p. 11.
37. *Les eaux étroites*, Corti, 1977, p. 57.

comme une réserve du nouveau. Et le héros gracquien se tient sur le bord de cette ouverture, le regard fixé sur les lointains de silence. Il ne cherche pas à pénétrer « l'autre côté », à traverser comme le héros le clézien ; il demeure en-deçà, « un peu avant », s'exposant à l'Horizon Lointain, sur la ligne de départ du rêve — la lisière, le rivage — dans un tête à tête avec l'Inconnu. Ne serait-ce pas précisément sur cette ligne que joue avec plus de force l'image que Julien Gracq nous révèle comme profondément ancrée en lui :

> « une image motrice très anciennement empreinte en nous et sans doute de nature religieuse : l'image d'une autre vie pressentie[38]. »

Figure dynamique, la ligne d'horizon du récit de Le Clézio que l'on retrouve chez Gracq transposée en lisière, semblerait bien s'effacer dans le récit boscien ou l'en-deçà et l'au-delà de l'horizon fusionnent dans l'immatérialité d'un paysage sublimé par le rêve.

L'horizon dans *Sylvius*, perd son statut de ligne de démarcation car « la neige efface les lignes de la terre » et tout l'espace est « fumant de neige ». Le terme même d'horizon apparaît dans le texte lié métonymiquement soit à l'espace du mirage, soit à un pays nouveau, lieu où le rêve se joue et prend corps. *Sylvius* offre une histoire qui est en elle-même « horizon » ; c'est un récit reflet où les êtres et les choses sont soudain magnifiés, saisis dans un mirage. L'insistance est mise sur la description d'un site illimité sur lequel la neige matérialise la présence d'un silence unificateur. Aussi loin que porte le regard, il ne semble pas que puisse exister au pays des Amelières, le village édenique de Sylvius, une séparation marquée entre ciel et terre.

La récurrence des images d'abolition de la limite dans *Hyacinthe*, renforce l'impression d'un horizon effacé. S'il est vrai que l'on trouve « l'horizon d'Ouest[39] » nettement mis en valeur dans le texte, cette orientation, notons-le, s'accompagne de la description d'un horizon qui, en tant

38. *Les eaux étroites op. cit.* p. 58.
39. *H*, p. 11.

que ligne limite, s'estompe pour laisser la place à l'espace ouvert du Couchant où dans la lumière fusionnent terre et ciel. Souligner l'« horizon d'Ouest » revient donc à mettre en évidence l'effacement d'une ligne de séparation dans la lumière crépusculaire et dans la montée des ténèbres.

D'entrée de jeu *L'habitant de Sivergues* présente son « Horizon Lointain » qui pourrait fort bien dialoguer avec celui de Le Clézio : la chaîne du Lubéron, « une grande montagne inconnue, lointaine, mamelonnée...[40] » Mais encore une fois, cette ligne sombre, immobile, tantôt mince, tantôt appuyée, le poète ne peut la tracer sans lui conférer une propension à s'effacer, à *se perdre* dans le ciel dont elle prend la couleur : « masse bleue » — « crête bleutée[41] ». La limite s'estompe, se dissout dans l'espace de lumière : « on la voyait se perdre dans le soleil, du côté des neiges » — « une fameuse montagne. Rien que sa façon de finir vers l'horizon et de s'y perdre[42]. » Il semble que cet « Horizon Lointain » nommé Lubéron et le ciel se compénètrent en dessinant un immense silence inatteignable.

Chez Le Clézio comme chez Gracq, l'image du « dernier » liée à celle de la ligne d'horizon était fortement accentuée ; chez Bosco elle s'avèrera moins saillante, et néanmoins chargée de sens. Ce qui est « dernier » transmet un signe, une parole des lointains ; le vieux berger « dernier berger des collines[43] », ou Martial « dernier homme des collines[44] », connaissent le langage secret du Lubéron et peuvent être les messagers de cet « horizon » :

> « Je l'aimais comme le dernier homme des collines, celui par qui la montagne dirait son dernier mot. »

Ce qui est « dernier » communie à un horizon qui va s'abolissant, qui fusionne avec les espaces infinis ; la lampe de la Geneste, « dernière âme », communie à l'horizon d'Ouest :

40. *HS*, p. 144.
41. *Ibid.* p. 143-146-148.
42. *Ibid.* p. 146.
43. *Ibid.* p. 246.
44. *Ibid.* p. 204.

« Cette lampe qui regardait vers l'Ouest (...) j'avais l'impression que je voyais la dernière âme[45]. »

Enfin ce qui est « dernier » est appelé à renaître, tel Lobiers, le dernier bourg perdu dans la Lande que Sylvius voit se constituer peu à peu à l'horizon, là où commence le « pays nouveau », « l'autre vie » :

> « (...) se levaient à l'horizon, lointainement, des bois de saules et des étangs gelés. Puis on vit se former le hameau... Ils entrèrent dans le silence[46]. »

L'image du « dernier » implique une image du silence, comme nous avions eu l'occasion de le mentionner chez Le Clézio et chez Gracq. Mais ici, dans le récit boscien, il faudrait plutôt parler de l'image d'une *entrée* en silence liée à l'aventure de l'effacement de l'horizon.

Les images d'effacement de la ligne d'horizon sont en fait significatives d'un « au-delà » envahisseur. Il ne s'agit plus comme dans le récit le clézien, de vouloir signifier une pénétration de l'« autre côté » des choses, un passage à travers ou une saisie du revers silencieux. C'est l'au-delà de la limite effacée qui, soudain révélé, envahit et métamorphose ce qui était considéré comme le réel fini, créant un réel nouveau. L'« au-delà » semble alors désigner un mouvement dont l'origine est toujours « encore plus loin », et qui vient à la rencontre du réel. « Au-delà » évoque ce « nouveau silence » en mouvement qu'expérimente le héros-narrateur de *Hyacinthe*, lorsque tombé dans une fosse au milieu d'une immense étendue de neige, il se perd dans l'« au-delà » présent :

> « Je n'étais que neige et tranquille étendue (...)
> J'y étais au-delà des saisons de la terre, prêt à la quitter (...)
> Hors de moi et en moi s'étendait ce nouveau silence[47]. »

Dans Sylvius comme dans *L'habitant de Sivergues*, « au-delà » désigne plus précisément le lieu sans lieu du mystère tout à la fois très loin et très proche :

45. *H*, p. 10-11.
46. *Syl*, p. 35.
47. *H*, p. 133-134.

« J'attendais autre chose que ce que je pouvais raisonnablement attendre, un événement *arrivant de loin*, de *ce* vague au-delà nécessaire, de *ce* pays vaste et sans nom[48]. »

La répétition du démonstratif attire l'attention sur le sens d'une attente dont l'objet serait une manifestation de la puissance de cet « au-delà » dont les Amelières dans *Sylvius*, en sont la représentation iconique. En effet ce lieu situé au-delà d'une lande[49] décrite comme immense, illimitée, ce lieu au-delà de l'au-delà des mers[50], est bien le « toujours plus loin » rendu étrangement présent, immédiat par les jeux d'une écriture qui se fait parabole du Silence.

En disant la ligne d'horizon, le discours descriptif de ces récits poétiques inscrit le motif d'un dépassement, d'une victoire sur la limite. Par la magie des images une rencontre sensible avec le Silence se construit. L'écriture le clézienne traduit le revers silencieux, l'« autre côté » des choses ; l'écriture gracquienne aménage un no man's land de l'attente pure, ou encore un tête à tête avec « l'en-face » ; l'écriture boscienne apprivoise le mystère d'un au-delà... autant de quêtes, autant d'écritures du dépassement de l'horizon qui cherchent à enserrer dans des mots, dans des phrases, un moment de vrai silence qui emplit comme un rêve et étend loin, bien au-delà de soi[51] — moment qui serait le seuil du Silence.

48. *HS*, p. 146 (c'est nous qui soulignons).
49. *Syl*, p. 46.
50. Il suffit de se référer à la réflexion du narrateur, à la dernière page du récit : « Je partais pour un long voyage, au-delà des mers, au bout de la terre (...) C'est un peu moins loin que les Amelières » (p. 99).
51. *In*, p. 133.

VI

NARRATEURS ET SILENCE

La mise en place des motifs du centre et de l'horizon laisse soupçonner le désir de traduire l'existence d'un élan du texte vers le silence, et du silence vers le texte. Ce double élan va se refléter avec force dans les différentes formes que prendra la relation narrateur — silence, une relation qui structure le chemin d'écriture du récit :

« Le chemin du silence (...) j'essaie de marcher sur lui, de faire de lui ma route[1]. »

« Je voudrais retrouver le pays où personne ne parle (...) où tout est silencieux[2]. » Un être fasciné par son appartenance première et dernière au silence ; un moi vide qui s'ouvre aux possibilités infinies du réel, qui se perd dans l'extase matérielle ; tel pourrait se définir le JE — narrateur du récit le clézien, Dans le texte on constate qu'il s'agit d'un JE fréquemment relayé par le ON, ou occulté par la fonction opérante d'un personnage qui en fait mène le jeu, construit le « chemin du silence » sur lequel ON marche, un personnage qui s'avère le magicien-narrateur du récit. Il

1. *In*, p. 116.
2. *Ibid*. p. 158.

en résulte que le récit se structure à partir d'une communication entre ce magicien-narrateur, destinateur d'un message de silence, et le ON destinataire, fond indifférencié sur lequel se détachent parfois un *Je*, un *tu*, un *il* ou un *nous* combinant les trois personnes.

A l'origine du récit *Voyages de l'autre côté*, il y a cette fille qui semble émaner du grand silence de l'origine[3], Naja Naja. Naja Naja est l'instigatrice des rêves, la conteuse d'histoires extraordinaires et, devrait-on ajouter, surtout de silences. Elle trace les routes, les lignes sur lesquelles ses « pas » écrivent le récit ; aussi est-ce l'aventure même de l'écriture qui en elle se met en abyme. Entre Naja Naja et le silence existe un rapport d'inclusion ; elle est *dans* le silence. Et le ON qui peut se dire Je, tu ou nous, n'est personnage-narrateur que dans la mesure où il se trouve comme enclavé dans le silence de Naja Naja, dans la mesure où il se regarde dans Naja Naja qui, en magicienne — narratrice, le mène sur le chemin du silence... « Naja Naja nous entraîne dans son rêve[4]. »

Dès la première page de *L'inconnu sur la terre*, s'établit un jeu de reflets dans lequel le JE renvoie à un enfant mystérieux, un enfant qui n'appartient à personne : l'Autre. Jeu de reflets mais aussi jeu de séduction entre le JE et cet Autre :

> « Je voudrais vous parler loin, longtemps, avec des mots (...) qui conduiraient jusqu'au ciel, jusqu'à l'espace...[5] »

Il semblerait que le désir de posséder l'espace infini, le désir d'un langage nouveau qui opèrerait cette possession, tout ce désir démesuré du JE soit incarné dans cet Autre qui « est né avec la musique libre des mots », cet enfant dont « le sourire fait naître beaucoup de mots, beaucoup de musique[6]. »

---

3. « Masse obscure » d'où tout va naître (*V*, p. 17)... » Il y a cette fille qui est à la fois grande et petite (...) elle s'appelle Naja Naja » (*ibid.* p. 21).
4. *Ibid.* p. 273.
5. *In*, p. 7.
6. *Ibid.* p. 8.

Le véritable faiseur du récit, le magicien-narrateur comme l'est Naja Naja, c'est le petit garçon inconnu. Interrogeant la vie, les nuages, les arbres, la lumière, la terre... le JE raconte en fait, son initiation au langage de l'enfant inconnu saisie dans l'instant où elle a lieu ; il raconte sa pénétration dans l'espace de silence de l'Autre dont la parole libre est celle de l'air, de la lumière... une parole qui ne se parle pas, mais qui accorde, qui unit :

> « Et la parole venue de l'espace qui va vers l'espace, me traverse. Elle me donne mon vrai nom, ma vraie pensée, mon unique langage[7]. »

Le vrai nom du JE serait celui du petit garçon inconnu qui se situe dans l'espace, et qui permet à ce JE d'oser dire : « *Je* vois l'espace, *je* suis dans l'espace[8]. » Mais quel est ce nom ? Informulable dans nos mots, il demeure caché dans le sourire et le regard de l'enfant inconnu sur la terre, vraie pensée sur laquelle s'ouvre et se clôt le récit. Au rythme d'un échange qui va s'affirmant, le récit avance témoignant du rapport d'inclusion entre le JE de l'écriture et l'Autre — le petit garçon :

> « Je vois cela, je vis dans *mon* regard[9]. »

Le JE se voit et se dit exister dans le regard de l'enfant inconnu, tant et si bien que ce regard est devenu son propre regard, comme le silence de l'enfant est devenu son propre silence, comme la « musique » de l'enfant est devenue son propre langage.

Masque du JE, le ON obsédant qui rythme la marche de l'écriture du récit *Trois villes saintes*, reflète et le JE et les hommes blancs du désert :

> « *On* avance à travers les arbres comme les fourmis à travers les herbes, *hommes silencieux*, vêtus de blanc, qui vont vers le secret[10]. »

---

7. *In*, p. 138.
8. *Ibid.* p. 116 (c'est nous qui soulignons).
9. *Ibid.* p. 139.
10. *Ts*, p. 11 (c'est nous qui soulignons).

Les hommes blancs du désert se racontant rendent sensible la vérité immémoriale et insurpassable qu'ils incarnent : ils assument dans leur « vérité » le mystère de l'existence. Ce sont eux qui constituent le magicien-narrateur du récit dont le message du silence va s'amplifiant.

Dans le récit poétique le clézien, le JE qui le plus souvent se fait oublier dans le ON, se trouve d'une certaine manière mis en silence par une figure centrale en qui il se reflète : Naja Naja, ou l'enfant inconnu, ou encore les hommes blancs du désert, tous créatures du Silence. Le narrateur (JE et ses masques) devient alors à la limite le support d'une expérience, l'écho d'une parole : celle du magicien-narrateur. La créature du Silence inclut le JE dans son retentissement, dans ce qu'il y a d'initial en elle :

> « Le ciel silencieux *nous* possède, et *nous* commençons à connaître le vertige de la liberté[11]. »

Le JE se trouve en quelque sorte pris au piège du retentissement (au sens bachelardien du terme) des images poétiques qu'engendrent Naja Naja, l'enfant inconnu sur la terre, les hommes du désert... tous magiciens-narrateurs, sortes de génies émanés d'un lieu fait uniquement de grand silence :

> « Écoutez », dit Naja Naja, « je suis *celle qu'on habite*[12]. »

Le rapport d'inclusion entre le silence et le JE s'estompe dans le récit gracquien, pour laisser place, nous semble-t-il, à un rapport d'intériorisation fort accentué. Le héros-narrateur est confronté à un silence extérieur qui se *donne à lui* ; il essaye d'en capter les signes, il le fait sien comme malgré lui. Ce rapport d'intériorisation existera d'une part au niveau du lieu, d'autre part au niveau d'un personnage tenant une place centrale dans l'univers fictif — un personnage qui s'affirmera tout au long du procès du récit comme étant une créature du/de silence : il coïncide au Silence, et il garde le silence.

« Je me sentais étrangement seul[13] »... un tel sentiment

---

11. *In*, p. 234 (c'est nous qui soulignons).
12. *V*, p. 276.
13. *RC*, p. 194.

s'exprime maintes fois dans l'espace du récit *Le Roi Cophétua* ; sa récurrence témoigne de l'excessive perméabilité du héros-narrateur au silence du lieu — Braye en forêt et sa villa :

> « Je me sentis tout à coup plus que seul sur cette lisière.[14] »

« Seul », ce mot qui ressurgit une dizaine de fois dans le texte, ce mot dont le sens s'exacerbe, s'accroche au JE, imprime en lui la force de pénétration du silence du lieu. Seul, le héros-narrateur l'est intensément lorsqu'il se sent livré à un silence qu'il ne peut se défendre d'intérioriser.

L'écriture du récit *La Presqu'île* trace un itinéraire qui, à bien des égards, s'avère une ligne de repérage du silence ou de silences variés, une route où le héros expérimente un silence qui se donne à lui lorsque s'efface dans une déchirure brutale, la présence d'un bruit sourd, lancinant mais somme toute protecteur : celui du moteur de la voiture qui enveloppe Simon dans son parcours. Le vide sonore ainsi créé laisse filtrer quelque chose d'un espace immense de silence. Car le vide est un seuil qui ouvre sur un « autre côté », sur un espace autre. Tous ces seuils qui viennent s'inscrire sur la route de Simon, tous ces « riens de silence » subtiles et alertés[15] s'enregistrent en lui, s'intériorisent et le raccordent à un bonheur indéfinissable de vivre :

> « dans le silence que creusait le répit du moteur, les bruits vivants de la terre venaient faire surface avec une puissance de surgissement vierge ; une petite chanson nulle et pénétrante qui le mettait à flot, un élément porteur qui noyait sans violence le souci sous sa nappe refermée d'eau claire. Il se sentait de nouveau raccordé[16]. »

L'intériorisation du silence est ici appréhendée en termes d'avènement, de commencement du monde. Elle est génératrice du sentiment d'une promesse confuse, d'une « embellie » pour reprendre l'expression chère à Julien Gracq[17].

---

14. *Ibid.* p. 197.
15. Qualificatifs attribués au silence dans *Les eaux étroites*, *op. cit.*.
16. *Pr*, p. 151-152.
17. *Les eaux étroites*, *op. cit.* p. 57.

Le narrateur de *La Route* anime, fait jouer pour ainsi dire, le silence d'une route fossile qui s'est à jamais intériorisé en lui ; car le tracé de ce *grand chemin* de silence avait creusé la mémoire du narrateur « comme un rai de diamant sur une vitre[18]. » Et le récit n'est autre que le « don » du silence de ce lieu réactualisé par l'écriture. Il s'agit bien encore d'un silence qui *se donne*, mais ici il se donne plus concrètement, plus sensuellement par le truchement de ses créatures : les femmes de la Route, « converses du long voyage[19] » — voyage entre « le Royaume et la Montagne cernée et lointaine » — voyage de l'écriture. Ces créatures du silence seraient donc les « converses » du récit, les magiciennes de la route se parcourant, du récit se faisant.

« Converses » d'un voyage, d'un récit se faisant, telles sont également la servante-maîtresse du *Roi Cophétua*, et Irmgard de *La Presqu'île*. Dans ces deux cas précis, peut-être faudrait-il substituer au terme de créatures du silence, celui d'incarnations d'un silence séducteur. Ces figures quelque peu fantomatiques n'en sont pas moins centrales et fortement dynamiques : dans le procès du récit ce sont effectivement des *silences qui se donnent*.

Dans la villa de La Fougeraie, le silence de l'absent — Nueil — silence premier d'où naît le récit, existe dans et par le silence de l'énigmatique femme qui se donne au héros — narrateur :

« Simplement *ainsi*. » L'intériorisation même du silence est là, présente dans cette phrase elliptique qui se referme sur l'indicible de l'aventure auquel fait signe l'italique. Par cette intériorisation du silence en lui, le JE prend conscience d'une route qui s'ouvre, une route intérieure dans le secret de son être, une route éclairée de silence :

« Simplement : *ainsi* » ; une deuxième fois dans ce même espace où vient s'achever — ou plutôt se prolonger — le récit, revient l'expression de l'intériorisation du silence

18. *R*, p. 9.
19. *Ibid.* p. 31.

avec pourtant, une modification. Par les deux points qui le précèdent, le mot en italique *ainsi* occupe le lieu d'une annonce mais qui n'aurait aucune raison d'être formulée car elle est de l'ordre d'une adhésion silencieuse à quelque chose d'inviolable ; c'est un silence ouvert sur un « à venir » :

> « Le silence qu'elle (la servante-maîtresse) avait gardé tout au long de cette soirée y projetait après coup une pureté préservée, un sortilège puissant[20]. »

Tout au long de la route de *La Presqu'île*, le silence d'Irmgard absente s'intériorise dans le héros par la montée du sentiment nu d'une présence pénétrante, envahissante. C'est un silence vivant, sensuel, qui se donne à Simon :

> « Il sentit à la fois auprès de lui la place vide (dans la voiture qui roule), et Irmgard y bondir soudain à son côté[21]. »

> « Irmgard sauta dans la voiture toute chaude et nue et fut de tout son long contre lui[22]. »

En réalité ce qui « saute » en lui, tout chaud et nu, c'est le silence énergétique de la route de la Presqu'île — du cheminement de l'écriture — qui l'enivre comme une « dérive un peu hagarde ».

Le rapport d'intériorisation que nous venons de déceler entre le JE et le silence se trouve souligné par le fait même que ce JE narrateur se double d'un IL narrateur, et qu'entre les deux s'établit un jeu de reflets :

> « Ce silence, il ne le percevait pas, mais quand il roulait seul en voiture — si intensément il vivait à l'écoute du paysage — pareil à un sourd qui lit sur les lèvres, *il l'épelait distinctement*[23]. »

Ce silence serait une image profonde que l'image présente — le paysage — ne cesse d'appeler, de suggérer. L'itiné-

20. *RC*, p. 249.
21. *Pr*, p. 59.
22. *Ibid.* p. 68.
23. *Pr*, p. 66 (c'est nous qui soulignons).

raire que parcourt Simon au volant de sa voiture, se trouve constamment doublé d'un itinéraire rêvé, imaginé mais aussi imaginant, tant la route/l'écriture vit sa propre aventure. Or, ce silence Simon le lit sur l'image présente : le paysage — image recéleuse de mémoires. Il lit, il déchiffre, il met en texte ce que cette image contient d'essentiel pour lui : la mer, l'enfance, Irmgard. Il *épelle distinctement* ce silence, cette image profonde, devenant en quelque sorte le magicien-narrateur du récit. Comment alors ne pas considérer Simon, le héros du récit, comme une mise en abyme de l'auteur implicite, du sujet de l'énonciation. Dans son personnage de fiction, le JE se reflète ; il se voit vivre et écrire un rapport d'intériorisation avec le silence. Aussi l'itinéraire de la Presqu'île — d'une saillie dans l'immensité, dans l'inconnu — pourrait se lire comme la métaphore développée d'un parcours d'écriture qui n'est autre qu'un parcours d'écriture du silence.

L'espace d'un reflet entre deux JE annonce et marque dès l'ouverture des récits *La Route* et *Le Roi Cophétua*, l'intériorisation d'un silence :

> « Ce fut, si *je* me souviens bien (...) le seul grand chemin que *j*'aie jamais suivi[24]. »

> « Quand *je* reviens en pensée à l'époque où finissait ma jeunesse (...) *J*'étais seul dans mon compartiment[25]. »

Le JE qui s'exprime dans le présent (je me souviens — je reviens en pensée), ce JE de l'écriture témoigne que l'histoire qui se raconte se situe dans le monde de la mémoire, que d'un long silence intériorisé il libère l'autre JE auquel il confère le rôle de héros-narrateur d'une aventure de séduction du silence — pensons aux converses de la Route, à la servante-maîtresse du Roi Cophétua.

Un être séduit par le silence, ne serait-ce pas là une définition possible du JE narrateur du récit boscien ? Un JE qui effectivement, apparaît comme le support d'une aventure

24. *R*, p. 9.
25. *RC*, p. 183-188.

de séduction menée à la fois par un lieu de solitude et par un être de contemplation que nous nommerons le personnage-conteur, ce personnage étant lui-même le support d'un récit intérieur au récit. Entre le silence du lieu et le JE s'établit une séduction qui engendre un rapport d'inclusion. En effet il ne s'agit pas vraiment d'un silence extérieur qui *se donne*, comme c'était le cas dans le récit gracquien, mais bien plutôt d'un silence extérieur qui *aspire*, absorbe, s'approprie les êtres et les choses. Si l'on pense aux images suggestives offertes par le texte descriptif de la plaine enneigée dans *Sylvius*, ou du plateau St Gabriel dans *Hyacinthe*, ou encore des plateaux du Lubéron dans *Un habitant de Sivergues*, le lieu nous apparaît comme un espace façonnant un réseau de silences que l'on serait tenté de qualifier de tentaculaire, autour du héros-narrateur.

> « Sylvius s'enfonçait dans un pays où le silence (était) palpable[26]. »

Le verbe *enfoncer* ressurgira à plusieurs reprises dans le texte, marquant ainsi un enchâssement du héros de plus en plus profond dans le silence du lieu.

> « Envoûté, Sylvius voyageait déjà dans le vague[27]. »

Envoûtement, miracle, ravissement, vie magique, vie unanime... les expressions se multiplient pour dire cette inclusion dans l'être de silence du lieu. Le JE narrateur rêve[28] dans et par le rêve de Barnabé, le conteur de l'histoire hanté par le lieu indéfinissable de silence qui s'empara de Sylvius :

> « Et cependant souvent j'y pense...
> Où est-il allé, Sylvius[29] ?... »

En se posant cette question, Barnabé appelle le pays de Sylvius, se met sous son emprise. Aussi disparaîtra-t-il, comme Sylvius, mystérieusement pour jamais. Avec l'effacement du conteur dans le lieu de silence, s'achève le récit.

---

26. *Syl*, p. 30.
27. *Ibid.* p. 31.
28. « Nous rêvâmes un bon moment », p. 23.
29. *Ibid.* p. 96.

Pour signifier combien le vieux Béranger, le conteur d'*un habitant de Sivergues*, appartient au Lubéron et s'inclut dans son silence, une métaphore fort suggestive nous est donnée :

> « L'âme de ce vieil homme n'était qu'une antique bergerie de montagne...[30] »

L'âme du conteur s'encastre dans le Lubéron, comme une bergerie fait corps avec la montagne et son silence. Aussi lorsqu'il prononçait le nom *Sivergues*, le petit Berger se taisait longtemps... ce nom était un grand silence à raconter. C'est dans l'âme du conteur que le narrateur va *lire* son récit. La fascination qu'opèrent sur le JE narrateur les histoires du personnage-conteur, tient en grande partie au fait que ce JE s'est laissé séduire par le silence du Lubéron. Dès les premières lignes du récit ne se dit-il pas « hanté par l'esprit des collines » et, précise-t-il, « ce qui, par-dessus tout, m'attirait c'était une grande montagne[31] ». La rêverie pour ainsi dire émanée de l'âme du conteur, le fait entrer dans le mystère de cette grande montagne de silence qu'il imaginait sauvage[32]. Il se voit vivre à l'intérieur des histoires du conteur, tout à la fois en héros et en traducteur.

Par une référence à la séduction du lieu s'ouvre le récit *Hyacinthe* :

> « La maison m'avait *séduit* par sa position solitaire[33]. »

Entre le plateau St Gabriel baigné de silence et de solitude, et le héros-narrateur, s'établit un rapport d'inclusion si prononcé que l'écriture le traduit en termes d'identification :

> « J'étais le désert dans le désert[34] »
> « Je ne percevais pas autour de moi l'étendue d'une solitude, j'étais moi-même la solitude[35] »
> « Je n'étais que neige et tranquille étendue[36]. »

30. *HS*, p. 145.
31. *Ibid.* p. 143-144.
32. *Ibid.*
33. *H*, p. 9 (c'est nous qui soulignons).
34. *Ibid.* p. 34.
35. *Ibid.* p. 54.
36. *Ibid.* p. 132.

Séduit par le silence d'un lieu, le héros-narrateur du récit boscien sera mis à part, initié et introduit dans ce silence par un être de contemplation : le personnage-conteur qui vit d'une manière exceptionnellement intense un rapport d'inclusion avec le silence, un rapport que l'on aimerait qualifier de magique. Barnabé est *pris* par le silence du pays de Sylvius qu'il assumera jusque dans la mort ; Béranger est *pris* par le silence de Sivergues qu'il rédimera par sa mort ; l'hôte de La Geneste est *pris* par le silence du plateau dans lequel il disparaîtra.

De fait, dans les trois récits bosciens qui nous occupent, le jeu de reflets entre deux narrateurs que nous décelions dans les récits gracquiens et le cléziens, existe également et s'avère même essentiel car le JE n'est narrateur que dans la mesure où il se met à l'écoute d'un autre narrateur. Il reflète cet autre véritable narrateur du récit que nous avons nommé le personnage-conteur. Le JE raconte l'autre racontant, et du même coup se raconte écoutant l'autre. Il entre ainsi progressivement dans l'histoire contée jusqu'à s'y intégrer en tant que personnage principal ; il devient alors l'instrument du prolongement de l'histoire révélée par le conteur, de son achèvement même, c'est-à-dire du récit.

> « Je m'appelle Méjean et je ne tiens aux *Mégremut* que par des *alliances* ; mais dès qu'on tient aux Mégremut, fût-ce par un lien purement moral, on s'y attache[37]. »

Dans cette phrase sur laquelle s'ouvre le récit *Sylvius*, on peut déjà lire en filigrane l'annonce d'une alliance spécifique entre un JE/Méjean et un JE/Mégremut. Ainsi se trouve suggéré, d'entrée de jeu, l'écriture d'un récit double. Cette alliance sera la dynamique d'une écriture où la narration du JE/Méjean enchâsse la narration du JE/Barnabé Mégremut, dans un jeu de reflets réciproques entre narrateur et conteur, un jeu qui organise l'itinéraire du récit et en détermine l'orientation.

Le JE narrateur (Méjean) est un voyageur de nature ;

37. *Syl*, p. 9 (c'est nous qui soulignons).

il raconte ses aventures à Barnabé le plus rêveur des Mégremut :

> « Il m'écoutait, l'air béat (...) les yeux presque clos[38]. »

Barnabé *rêve* les récits de voyage du JE/Méjean, et en lui s'éveille une image sublimée : le Voyage de Sylvius, une aventure formée au creux du silence. Le réel et l'imaginaire se font indistincts, Barnabé est devenu le conteur de Sylvius. Il *parle* ; il s'institue narrateur :

> « — Une fugue, une fugue, murmurai-je...
> « — Une fugue, mon bon Méjean, et quelle fugue ! me répondit par un autre murmure, la voix douce de Barnabé. Et *il parla...*[39] »

La reprise en écho du mot *fugue* concrétise le reflet réciproque entre le narrateur et le conteur.

Lorsque le JE/Méjean se fait le rapporteur du JE/conteur en train de parler, il se produit en lui une initiation à un Voyage unique ; il s'ouvre aux opérations mystérieuses du silence de Sylvius qu'il intériorise. Quant au conteur lui-même, sa parole pénètre le silence de Sylvius qu'elle anime ; le JE/Barnabé va s'inclure dans ce silence auquel il s'identifiera jusque dans la mort :

> « Barnabé se taisait (...)
> Quand je revins après un long voyage au-delà des mers, Barnabé n'était plus là. Il avait disparu de la famille, mystérieusement, trois jours après moi, pour jamais[40]. »

Ultime reflet entre le JE/Méjean narrateur et le JE/Mégremut conteur : le premier part pour un long voyage, le second entre dans le Voyage dernier. Avec de double départ, le récit est mis en silence dans l'accomplissement total du rêve du conteur : « Imaginer », écrit Bachelard, « c'est s'absenter, c'est s'enfoncer vers une vie nouvelle[41]. »

Sur l'interaction entre un JE narrateur et un

---

38. *Ibid.* p. 20.
39. *Syl*, p. 23 (c'est nous qui soulignons).
40. *Ibid.* p. 98-99.
41. G. Bachelard, *L'eau et les rêves*, Corti, 1942, p. 10.

personnage-conteur, se base également la structure de *Un habitant de Sivergues*. La narration du JE et donc le récit, prend forme à partir du récit d'un personnage-conteur, le petit Berger. Le JE est investi du rôle de héros-narrateur lorsqu'il se met à l'écoute du conteur, et se raconte effectuant le parcours initiatique qui le mène au secret du petit Berger :

> « Ces histoires m'avaient tourné la tête. J'en ai rêvé pendant toute mon enfance[42]... »
>
> « Ils (les contes du petit Berger) créèrent en moi une curieuse habitude d'esprit qui était d'attendre[43]. »

Plus que les mots et leur sens, c'est la voix du conteur qui opère un charme tant par ses sonorités fines et pures que par ses silences. Une « candeur prenante », une « subtile séduction » marquée de pauses[44], c'est ainsi que Méjean ressentait la voix de Barnabé le conteur de Sylvius ; et le héros-narrateur de *Un habitant de Sivergues* est ensorcelé par la voix du petit Berger « restée jeune, argentée », ponctuée de silences[45]. La *voix* du conteur boscien entraîne dans un univers poétique, magique ; elle s'avère le facteur essentiel d'intériorisation par le JE des histoires contées.

Ce qui était chez l'enfant émerveillé une quête des histoires, va alors se transmuer, pour le JE narrateur, en une quête du conteur et de son secret. Le héros-narrateur trace un chemin — le récit — qui conduira à son initiateur, et plus exactement à la découverte du destin du conteur : à cette « illumination[46] » qui n'est autre que l'expression de la libération et de la sublimation des histoires du petit Berger où le récit avait pris naissance. Tous ces cierges qui entourent le lieu où repose le corps du petit Berger, à la fin du récit, ne seraient-ils pas la figuration des mots du conteur devenus « langues de feu » qui, mêlées, ne font plus qu'une parole lumineuse du Silence ? Un tel récit peut-il

---

42. *HS*, p. 145.
43. *HS*, p. 145.
44. *Syl*, p. 91.
45. *HS*, p. 153.
46. *Ibid.* p. 132.

finir ? Il se prolonge dans un ultime écho des histoires du petit Berger... Le JE narrateur rejoint le conteur dans la lecture silencieuse du *Journal du Curé de Vaugines* — manuscrit réfléchissant le récit du petit Berger —.

Le jeu de reflets entre deux narrateurs trouve un maximum d'intensité dans le cas du récit de *Hyacinthe*. Ce récit pourrait se définir comme l'écriture de la transparence entre deux JE narrateurs, ou encore entre JE et l'Autre. Le héros-narrateur « voit » dans La Geneste, comme dans un miroir[47], être cet Autre, conteur de silences. Il va devenir la *voix* du silence de l'homme de La Geneste, l'autre lui-même. Il va conter les figures d'un spectacle qui se détachent de ce silence comme d'un palimpseste, et reconstituer ainsi un premier récit dans lequel il lira la genèse de son propre récit :

> « Je pénétrais dans cette Geneste où, près de la lampe m'attendais mon âme (...) Je me parlais (...) je retirais d'une mémoire imaginaire toute une enfance que je ne me connaissais pas encore et que cependant je reconnaissais[48]. »

L'écriture de *Hyacinthe* sera en quelque sorte la transcription de cette lecture du silence de l'Autre, faite par le JE narrateur.

> « Je me sentais entrer dans un tableau, prisonnier de l'image où m'avait peut-être fixé ma place une exigence singulière[49]. »

Cette réflexion du héros-narrateur du *Roi Cophétua* met en lumière des éléments qui permettent, nous semble-t-il, de caractériser le narrateur d'un récit, version du silence. Le JE serait celui qui « entre dans un tableau » comme malgré lui, fasciné par l'Autre qui lui confère son rôle de héros-narrateur. Personnage-magicien ou personnage-conteur, cet Autre qui se définit par son rapport d'inclusion avec le silence, anime le tableau. Il est en fait le véritable narra-

---

47. On sait que le regard du héros-narrateur se concentre sur la lampe de La Geneste qui est posée *devant la vitre*.
48. *H*, p. 81.
49. *RC*, p. 246.

teur du récit, « l'exigence singulière » d'un silence qui veut
se dire, se raconter : « exigences singulières » que Naja Naja,
l'enfant inconnu, la femme nocturne gracquienne ou le conteur boscien. Le JE narrateur reflète l'« exigence singulière » dont il se fait en quelque sorte le traducteur. Il se
présente donc totalement dépendant de l'Autre-magicien
ou conteur — ; et cette dépendance se traduira par une intériorisation, en ce sens que le silence de l'Autre va *s'imaginer* en lui (pour reprendre l'expression bachelardienne)[50],
la pensée cachée de l'Autre va faire image.

C'est alors que le JE narrateur peut transmettre un récit
— version du silence, dans lequel il est impliqué en tant
que héros, puisque « l'exigence singulière » lui « a fixé sa
place », son rôle. Le JE narrateur d'un tel récit est essentiellement un JE qui s'est mis à l'écoute d'un autre et qui
transcrit cette écoute. Le JE le clézien s'exprime sous la
mouvance de Naja Naja, de l'enfant, de l'homme du désert ;
le JE gracquien est pris en charge par « l'absence » qu'incarnent Irmgard, la servante-maîtresse, les converses de la
Route ; et le JE boscien ne dit rien de lui-même, il est d'une
certaine façon mandaté par le conteur — le vrai narrateur
— dont il se fait le porte-parole. Aussi peut-on dire que dans
le JE/ON le clézien le silence de Naja Naja *s'imagine en*
« voyages de l'autre côté » ; dans le JE solitaire de La Commanderie, le silence de l'homme de La Geneste *s'imagine
en* « Hyacinthe » ; et dans le JE, l'ami de Nueil absent, le
silence de la servante-maîtresse *s'imagine en* une nouvelle
histoire du Roi Cophétua. Ces divers silences qui *s'imaginent* dans le JE donnent corps à l'écriture d'un récit.

« L'exigence singulière » faiseuse du récit, vrai narrateur que nous venons de saisir dans ses représentations,
fait parfois jouer quelques silhouettes secondaires dans le
duo qu'elle mène avec le JE narrateur, duo qui s'est avéré
l'origine et la dynamique d'univers fictifs. Sur ces silhouettes il semble maintenant nécessaire de s'interroger :
sommes-nous en présence de personnages secondaires ?

---

50. G. Bachelard, *L'eau et les rêves, op. cit.* p. 22.

Une telle dénomination ne répond pas exactement au caractère très spécifique de leur présence opérante dans le procès du récit ; une présence qui devrait se définir avant tout par rapport au silence dont ils émanent, et qu'ils gardent en veilleurs, ou qu'ils déchirent en témoins plus ou moins perturbateurs.

Le vieil homme qui râtelle sans hâte les feuilles du relais de Pen-Bé plongé dans un « silence d'aquarium[51] », la vieille dame qui tricote « pour la petite éternité de l'heure de la sieste[52] », les deux femmes d'une maison perdue dans la campagne dont les voix « qui coulaient nues pour la solitude[53]» s'accordent au silence... tous ces personnages du récit *La Presqu'île* doivent-ils être dits secondaires ? D'ailleurs mieux que personnages, il faudrait les appeler « ombres[54] » : ils se détachent à peine de la matière silencieuse de la route-paysage. Ces « ombres » contribuent à épaissir le silence en le mimant dans un geste indéfiniment répété, ou dans une voix inaudible.

Dans *Le Roi Cophétua*, le seul personnage qui aurait pu être qualifié de secondaire — la postière de Braye-en-forêt — est réduit à une « lueur » qui passe pour disparaître dans la nuit :

> « Je vis une lueur s'éveiller et vaciller derrière une des persiennes de l'étage, sans lien, eût-on dit, avec mon coup de cloche : plutôt comme le passage distrait et rêveur de l'insomnie de la nuit d'hiver que comme une réponse[55]. »

Cette lueur du dehors semblerait venir se joindre et s'accorder à la lueur du dedans toujours alertée qui accompagne la servante-maîtresse, contribuant ainsi au véritable tissage de silences qui enveloppe le héros-narrateur.

---

51. *Pr*, p. 48 et 52.
52. *Ibid.* p. 48.
53. *Ibid.* p. 165.
54. Une des femmes de la maison perdue dans la campagne est ainsi décrite : « une ombre pointa et s'allongea au milieu de la coulée de lumière » (p. 166).
55. *RC*, p. 277.

Quant au récit de *La Route*, les personnages ne sont plus que des traces, des signes de vécus que le narrateur signale :

> « éraflures encore luisantes de la trace humaine[56]. »

Seules les femmes, converses du voyage — du récit — en recueillent le mystère :

> « Ce qu'elles cherchaient, ce qu'elles voulaient gauchement rejoindre (...) c'était peut-être un reflet (...) passionnément recueilli de choses plus lointaines[57]. »

Ombres, lueurs, traces... toutes ces figures sont les émergences d'un silence intimement accordé au lieu. Parce que ce même silence s'intériorise en lui, le héros-narrateur entre dans une sorte de dialogue proche parfois d'une complicité, avec ces « silhouettes » qui en définitive rechargent le silence.

Il semble difficile de traiter en personnages secondaires les compagnons de Naja Naja. Alligator, Louise, Sursum Corda, Gin-Fizz sont plutôt des visages, on aimerait dire des « fantaisies », du JE narrateur occulté dans le ON. Émergeant d'un monde moderne du Bruit, ces formes du ON choisissent la folie de Naja Naja : ils se convertissent à son silence. Ils permettent de mettre en valeur et en spectacle les moments d'une plus intense communion avec Naja Naja et ses histroires ; des histoires où l'effondrement du sens fait affleurer le silence ; des histoires qui n'ont d'importance que parce qu'elles colorent le silence :

> « des histoires à dormir debout qu'elle nous raconte comme ça, sans y prendre garde, en riant[58]. »

Les hommes du village, les Séparés dans *Trois villes saintes*, sont des silhouettes d'ombre, des émanations du lieu « comme les arbres attachés par leurs racines à la terre dure[59] ». Mais plus encore, ils sont des *regards* que l'espace et la lumière ont envahis ; des regards qui « ont reconnu

---

56. *R*, p. 22.
57. *Ibid.* p. 29-30.
58. *V*, p. 47.
59. *Ts*, p. 27.

le silence[60] ». Ces silhouettes qui se dressent dans le désert, pareilles aux arbres, s'identifient à l'ICI[61]. Ne sont-ils pas les gardiens du Centre, les veilleurs de silence qui, à l'instar des Solitaires dans *L'inconnu sur la terre*, sont ceux qui

> « regardent le monde silencieusement (...) avec la transparence et la lumière de ce qui est vrai[62]. »

Dans leurs regards affleure le secret vers lequel tend la marche dans le désert du JE/ON. Aussi ces veilleurs de silence apparaissent-ils comme des formes détachées, idéalisées, comme les figures d'un narrateur sublimé dont la parole a fait retour au Silence, un narrateur célébrant du secret, un narrateur prophète :

> « Ici (...) les voix peuvent appeler de l'intérieur, vers le ciel, vers l'horizon. Personne ne parle vraiment (...). Chaque homme est un prophète qui voit avec tout son corps[63]. »

Dans le sillage du double narrateur du récit boscien, entrent des personnages que l'on pourrait cataloguer de secondaires s'il n'y avait pas cette étrangeté, cet insolite qui les enveloppe et leur confère un rôle déterminant ; s'ils n'étaient pas des énigmes vivantes dont la présence déroute et exaspère le processus de la narration. L'entêtement du héros-narrateur à vouloir percer ces énigmes excite son désir de poursuivre l'aventure... et donc le récit se trouve dynamisé par la présence de tels personnages. Mais qu'est-ce à dire « percer ces énigmes » ? Sinon forcer des silences.

« Il n'est guère parlant, Martial... » le silence de Martial quasi continuel reflète une complicité avec le silence du lieu, avec le grand silence dur et impénétrable du Lubéron. « Gasparine retomba dans un de ses silences intentionnels dont elle coupait ses propos, peut-être pour laisser à ses paroles le temps de s'enfoncer[64]. » ...le mutisme de Gasparine témoigne d'une sorte de connivence avec quelque

---

60. *Ibid.* p. 58.
61. Cf. le chapitre sur *le centre*.
62. *In*, p. 298.
63. *Ts*, p. 77-80.
64. *HS*, p. 176.

chose de trouble, voire même avec le Mal. Martial garde le silence pour communier au Silence ; Gasparine connaît le mutisme qui s'insinue et sape cette communion. L'un connaît le vrai silence, l'autre le faux, celui des mots tus sciemment.

Martial est l'enfant du lieu, il est « sorti des flancs du Lubéron », tandis que Gasparine est l'étrangère du lieu, elle est « celle qui n'est pas née ici[65] ». Leurs silences antagonistes écrivent le drame du grand silence de Sivergues : l'affrontement des forces du bien et du mal dans lequel se trouve impliqué, comme héros et comme narrateur, celui qui a écouté le conteur, le petit Berger dépositaire du secret de Sivergues.

Dans *Hyacinthe*, se profilent des figures de serviteurs qui sont saisies par le discours descriptif, comme des approximations du silence du lieu. Mélanie, personnage bien ancré dans la réalité du plateau St Gabriel, « grande fille osseuse, taciturne » (deux qualificatifs qui pourraient fort bien s'appliquer métaphoriquement au plateau lui-même), donc Mélanie « n'interrogeait pas, écoutait, ne montrait ni curiosité ni attachement (...) elle accomplissait sa tâche en silence[66]. » C'est le silence du plateau sous la forme d'un mutisme à la fois protecteur et dissimulateur, fort teinté d'hostilité qui, par elle, se manifeste. Il s'extériorise dans le geste, dans l'attitude, dans le regard de la servante.

A l'encontre de Mélanie, les deux vieux gardiens de La Geneste qui demeurent dans l'anonymat, paraissent à peine réels[67]. Ils ne sont pas sans parenté avec les ombres et les émergences du silence gracquien. Ces deux vieux, on dirait quelques songes qui auraient pris corps dans le corps de La Geneste, ou mieux dans le silence de l'étrange demeure. En effet, véritables « convers du silence » ces deux êtres suivent les règles d'un rituel exigeant dans leur service : « ils semblent très préoccupés par le souci de *conserver le silence* », et le héros-narrateur note : « ils ne me parlent

65. *Ibid.*
66. *H*, p. 13.
67. *Ibid.* p. 155.

pas ; ils ne permettent pas que je leur parle[68]. » Les deux vieux serviteurs sacralisent par leurs gestes, un silence de La Geneste qui s'avère à la fois familier et redoutable.

Mélanie, les deux vieux, rendent possible une représentation, une extériorisation de l'ambiguïté du silence du lieu. Ne sont-ils pas simultanément porteurs de paix et de menace ? Ils offrent une lecture de l'ambivalence du silence d'un lieu dont les racines plongent dans le réel et l'imaginaire indistinctement.

Mais la véritable dimension du personnage secondaire boscien apparaît dans *Sylvius* : il donne au rêve la densité du réel, et au réel la sublimation du rêve. Il gomme donc toute démarcation entre le réel et l'imaginaire :

> — « Ferme vite, Misé, ce sont des *âmes*. »
> — « Et puis, Gavotte ? nous aussi, nous sommes des *âmes*[69]. »

On se trouve de plain-pied simultanément dans deux mondes : celui des paysans avec qui Sylvius partage le pain fumant dans une pièce basse, brunie par la fumée ; et celui des âmes qui se risquent sur les étendues immatérielles de neige[70]. Gavotte, Misé, Métilde et ses compagnons... des âmes, des créatures d'un songe plus réel que le réel ; des âmes également, ces acteurs d'un théâtre ambulant qui, par leur jeu, font exister *Un rêve en famille*. Toutes ces créatures profèrent une parole où se garde le silence, une parole murmurante :

> « Il parlait délicatement, par murmure et du bout des lèvres[71]. »

En sourdine, des mots simples qui expriment un essentiel, font entrer dans l'espace d'un grand silence.

Comme nous avions pu le constater chez Le Clézio et

---

68. *H*, p. 157.
69. *Syl*, p. 33 (c'est nous qui soulignons).
70. « Il n'y a guère sur terre d'étendue favorable, sauf peut-être la neige, où se puisse risquer une âme » (*H*, p. 83).
71. *Syl*, p. 53.

chez Gracq, le personnage dit « secondaire » n'a en fait, dans le récit boscien, rien de secondaire, tant est étroit son lien au lieu et au héros-narrateur. Le qualificatif qui semblerait lui revenir de droit serait celui de *délégué* : il transmet les pouvoirs obscurs du silence d'un lieu[72], et il prend en charge le héros-narrateur. Faut-il rappeler que celui-ci est confié aux soins de Mélanie, puis des deux vieux, dans *Hyacinthe* ; et que, dans *L'habitant de Sivergues*, il est confié à Martial et à Gasparine. Quant à Sylvius, il a besoin de Misé comme guide pour atteindre le pays de rêve, Les Amelières. Cette prise en charge du JE narrateur qu'il assume énigmatiquement, donne au personnage dit « secondaire » un rôle-clé dans la construction d'un récit, version du silence.

« Il n'y a pas d'acteurs », écrivait un critique à propos du récit gracquien, mais, ajoutait-il « des narrateurs qui manigancent[73] »... ces récits poétiques que nous étudions nous mettent, en effet, aux prises avec des narrateurs qui « manigancent » les silences d'un lieu privilégié.

Les différents aspects que prend le jeu des relations entre narrateurs et silence, entraînent une réévaluation de l'écriture de la solitude et de l'attente dans ces récits. Écrire l'attente ce sera témoigner de l'intériorisation d'un silence. Écrire la solitude ce sera capter le processus d'une inclusion dans le silence d'un lieu, ou d'un être. Le narrateur initié à l'attente et à la solitude, est avant tout le lecteur d'un « texte » que lui livre le silence par les pouvoirs d'un premier narrateur magicien ou conteur. Le récit résulte en quelque sorte de cette « lecture » transformante, initiatrice qui révèle le JE à lui-même et le fait à son tour, sujet et conteur d'une aventure qu'on peut vraiment qualifier « de silence », le silence d'une double écoute :

72. « Cette créature (Le Lubéron) ne pouvant pas vous répondre directement vous délègue des personnages » (*Cahiers* H. Bosco n° 16, p. 28).
73. « Julien Gracq ou la perversité moderne », NRF, 334/1980.

« cette présence à moi, en moi, d'un autre je, sans mots, que j'écoute et l'autre-je est le même au-dehors : entre eux plus de limite. La folie est ce gué, elle vous guide là[74]. »
...folie d'une écriture du silence.

74. Marc Le Blot, « Le silence dans les mots », *Corps écrit*, n° 12 PUF, 1984, p. 22.

VII

UN TEXTE QUI « RÉSISTE »

Le récit construit par des narrateurs qui « manigancent » des silences, va présenter dans sa structuration le caractère accentué de résistance à l'achèvement. Il semble que le texte s'emploie à dénoncer l'illusion de sens qui masque l'impuissance à atteindre le Sens en lui-même, à témoigner d'une coïncidence parfaite entre le Langage et le Moi. Dénonçant le « bruit » des mots qui s'évertuent à vouloir signifier clairement, le texte qui « résiste » va privilégier une marge de silence, d'ouverture vers un silence autre qu'il ne cesse d'appeler. L'écriture se complaira dans des formes allusives, effaçant ce qu'elle dit en même temps qu'elle le dit, laissant derrière ses mots, ses phrases, des sillons de « blancs ». L'histoire — s'il y en a vraiment une — apparaîtra plus ou moins déstructurée, désarticulée voire même amputée de ce qui serait précisément nécessaire au sens et au développement de la fiction. On a le sentiment que le texte « joue » avec un texte autre qui se dérobe, qui échappe.

Ce récit qui d'une certaine manière pourrait se définir comme traduit du silence — le *désert*, l'*horizon*, le *centre* qui s'y trouvent contés ne sont-ils pas des traductions du silence ? — ce récit donc, témoigne dans sa structure, des limites et de l'impuissance même d'une telle traduction. Il présente en effet, des zones non-traduites où affleure une langue propre au silence. C'est ainsi qu'entre diverses séquences se fabriquent et s'établissent des vides ressentis comme les fragments d'un texte intensément résonnant... mais inaudible. Des espaces de non-dit se créent à partir de tout ce que le narrateur ne peut ou ne sait pas dire, tout ce qui échappe à ses mots inadéquats, à son déchiffrage maladroit et limité, à son regard voilé. Plus le récit avance, plus s'installe dans son univers, l'espace d'un inter-dit[1] manifeste qui serait une sorte de figuration de l'Interdit, lieu du vrai silence.

L'élargissement de l'espace du non-dit, la résistance au sens — au « bruit » des mots — supposent des stratagèmes verbaux et structuraux qui se présenteraient plutôt comme des sortilèges propres à l'écriture de chacun des récits. Le texte constamment décalé nous sollicite par son revers, par l'autre côté tu de l'histoire racontée. Il fabrique ainsi *son* silence, concrétisant son lien étroit avec l'étendue d'attente de la page blanche, et signifiant une relation essentielle au silence énergétique. Des sortilèges d'un texte qui « résiste », nous nous proposons de suivre les manifestations dans les récits choisis pour cette étude.

Dans ces récits, on se trouve constamment confronté aux points d'impact du « passé sous silence », une expression qu'il nous faut entendre littéralement, car il s'agit bien du mouvement de passage du raconté entrant soudainement dans un silence pour ressurgir ensuite. Des fractions de l'histoire manquent ou disparaissent dans des suspensions du discours, comme si effectivement un silence impénétrable, mais constamment actif, était venu les recouvrir. Le délié de la narration est rompu intentionnellement par une écriture qui joue le jeu du silence reprenant ses droits sur la parole qu'il fait taire. C'est ainsi que le lecteur peut

---

1. Cf. « Le texte non-saturé », M. Calle-Gruber, *Poétique*, n° 35,« p. 335 : « L'intervalle blanc (...) n'est pas du vide mais de l'inter-dit (ou vide créateur). »

se trouver quelque peu désorienté, se sentir même provoqué par une matérialité du silence qui va s'installant et se consolidant au fur et à mesure que se déroule le récit.

Les trois récits de Le Clézio : *Voyages de l'autre côté*, *L'inconnu sur la terre*, *Trois villes saintes*, se structurent chacun à partir d'une sorte de juxtaposition de visions, ou encore d'appréhensions diverses d'une aventure unique qui émane elle-même d'une grande histoire — celle de Naja Naja, du petit garçon inconnu, ou des hommes bleus du désert — dont ni le commencement, ni la fin sont saisissables ; une histoire qui se poursuit dans les silences de l'interdit du texte, qui appartient à l'Interdit car elle ne peut s'épuiser : elle *est*. C'est d'ailleurs ce que voudrait signifier le maintien du présent comme temps dominant et parfois même lancinant du récit proprement dit de Naja Naja. Une telle structuration installe des « vides » entre les événements et les situations contées qui ne sont en fait, que des fragments de la grande histoire de silence de Naja Naja, du petit garçon inconnu, de l'homme bleu du désert ; des surgissements répondant au rythme capricieux des apparitions et des disparitions de ces créatures du silence, « magiciens » du récit[2].

Ces récits de Le Clézio n'offrent qu'une apparence d'achèvement. Leur point final marque le moment où l'incomplétude a atteint son sommet, avec la mise en place d'une ou plusieurs images reflétant le triomphe d'un silence qui impose son mystère énergétique et fait taire les mots :

> « Il y a si longtemps que *cela* doit venir.
> Très lentement le sourire se dessine sur les lèvres du petit garçon inconnu (…) et au même moment, la lune blanche monte dans le ciel, à peine visible dans son premier et mince croissant[3]. »

Ce sont les dernières phrases du récit *L'inconnu sur la terre*. Elles tracent le sourire de celui qui connaît le « passé

2. Cf. chapitre VI.
3. *In*, p. 317 (c'est nous qui soulignons).

sous silence », qui sait *cela*, et choisit définitivement le silence d'un sourire qui dessine le signe d'une naissance, « le premier et mince croissant », d'un à venir...

> « Quelqu'un vient lentement, et son ombre recouvre la terre et voile le ciel (...)
> Alors l'ombre du visiteur grandit (...) Il y a un grand silence et un grand calme (...)
> Les premières gouttes d'eau froide tombent sur les feuilles des arbres et sur les toits des maisons[4]. »

Trois villes saintes s'effacent dans ces phrases, dans l'ombre grandissante du silence qui est présence — « Quelqu'un » — et qui est promesse de fertilité : « les premières gouttes d'eau froide » dans le désert brûlant.

Voyages de l'autre côté témoigne avec une pénétration toute particulière, d'une écriture qui met en tableaux un silence faisant taire la parole. Ce que nous avons appelé à propos de l'achèvement — ou de l'inachèvement — du récit, le « triomphe du silence », prend dans ce récit, vraiment tout son sens :

> « Sur une table verte, isolée comme une île, il y a une cigarette qui fume toute seule dans un cendrier de fer[5]. »

Ainsi s'écrit la dernière trace de l'aventure de Naja Naja qui, disparue, s'exprime encore dans « une cigarette qui fume toute seule... », dans un rêve de fumée, de silence informulé, absorbé par les espaces. Naja Naja et avec elle l'histoire ont fait retour à ce silence qui nous est conté au premier et au dernier chapitre du livre :

> « Il y avait la masse liquide partout, partout. Silencieuse et lourde...[6] »

> « Il y avait l'étendue de pierre que frappait la lumière du soleil (...) c'était ici le fond secret des océans...[7] »

Il y avait... moment insaisissable de l'Origine qui se répercute, se continue indéfiniment et qui, par la puissance d'un

4. *Ts*, p. 82.
5. *V*, p. 293.
6. *Ibid.* p. 9.
7. *Ibid.* p. 297.

rêve de paroles, s'est humanisé et rendu *présent* l'espace
d'une aventure, d'une histoire :

>   « Il *y a* cette fille qui est à la fois grande et petite...[8] »

La surface de la masse liquide en attente — description d'un
avant-monde du récit — et son autre côté, le fond secret
des océans aux profondeurs solides immobilisées — description d'un après-monde du récit — sont les deux faces d'un
même et ineffable mystère d'où est sortie et où est retour-
née Naja Naja, c'est-à-dire le récit d'un rêve du Silence pour
lequel commencement et fin sont indifférents, puisque ce
sont en quelque sorte les reflets d'un unique point — l'Origine — :

>   « C'était le commencement ou bien la fin, comment le
>   savoir ?[9] »

une question qui conteste au récit un quelconque achèvement ; ce que vient renforcer la dernière image du texte :
« le serpent à dix têtes était au centre[10] », dernière parole
du récit qui évoque le mythe du Grand Originel. Sur
l'expression de l'indifférencié primordial qui renvoie au
Silence créateur, s'achève — ou commence — *Voyages de
l'autre côté.*

Ce qui précède nous incite à penser que l'écrit de tels
récits n'avait fait que mener l'aventure d'une reconquête
du silence ; il avait mis en histoires de rêves, les réflexions
recueillies dans *L'extase matérielle*, consacrées au drame
de la parole faisant retour au silence, et à la présence même
du silence dans toute parole : « dans tout ce que nous expri-
mions s'exprimait le silence[11] ». Serait-ce à une semblable
reconquête du silence que fait signe l'écrit du récit gracquien et du récit boscien marqué par une technique qui con-
siste à ne pas livrer tous les dessous de l'histoire, et par la
limitation du savoir du narrateur ?

---

8. *Ibid.* p. 21 (c'est nous qui soulignons).
9. *Ibid.*p. 298.
10. *V*, p. 308.
11. *L'extase matérielle*, p. 277.

Le récit *Le Roi Cophétua* renie dès son début, ce qui apparemment le motivait, à savoir le télégramme de l'ami du narrateur, Nueil :

> « J'y trouvais je ne sais quelle trace d'un sombre humour[12]. »

Le signe écrit est quasiment suspecté de mensonge. Le récit s'avère dès ses premières lignes, supporté, entouré par tout un « passé sous silence ». Il émerge en quelque sorte du silence jeté sur toute une partie de la vie de Nueil, et en particulier sur les relations de Nueil avec l'habitante de La Fougeraie. De plus l'aventure se construit avec comme toile de fond, un grand blanc narratif qui accompagnera la marche du texte : le pourquoi de l'absence de Nueil. Ce qui motive et structure en vérité le récit sera suggéré par l'insertion d'une sorte de parenthèse référentielle qui pourrait s'interpréter comme l'image du revers silencieux du télégramme. Un tableau accroché dans un coin d'ombre épaisse, offre la découpe difficile à saisir de deux silhouettes se faisant face : elles évoquent une scène, un fragment isolé d'une œuvre dramatique ; de leur silence se formule un nom, un titre : « *Le Roi Cophétua* » qui constitue un intertexte structurel et sémantique sur lequel nous aurons l'occasion de revenir. Dans ce tableau se reflète et se récapitule un récit qui n'est en fait qu'une « scène » d'un drame plus vaste qui demeure dans le silence, une parenthèse racontée :

> « Une *parenthèse* s'était refermée, mais elle laissait après elle je ne sais quel sillage tendre et brûlant, lent à s'effacer[13]. »

« une parenthèse », tel se définit explicitement le récit *Le Roi Cophétua*, tels pourraient se définir *La Route* et *La Presqu'île*.

En effet, d'entrée de jeu le texte saisit la Route dans des similitudes qui évoquent l'espace délimité d'une rupture plus ou moins insolite, d'une parenthèse : « un rai de

12. *RC*, p. 192.
13. *RC*, p. 251 (c'est nous qui soulignons).

diamant sur une vitre » — « un fragment de chaussée au milieu d'un champ » — « une règle qu'on laisserait tomber sur un échiquier[14] ». L'écriture fixerait donc, au cœur d'une histoire qui se dérobe dans un grand « blanc », la trace d'un vieux chemin rencontré et vécu. Le récit serait cette parenthèse qui retient et enclos « un reflet passionnément recueilli de choses plus lointaines » ; une parenthèse dont l'incidence n'est pas neutre : elle se referme non sans avoir ébranlé le silence de ce grand « blanc ».

L'incertain, le « très peu probable » d'une rencontre escomptée dont l'histoire qui la sous-tend est « passée sous silence », établit une sorte d'avant-récit de *La Presqu'île* qui s'enlise dans des blancs narratifs. Or, entre « la chose qui n'avait pas eu lieu » et cette même « chose » qui pourrait encore avoir lieu — l'arrivée d'Irmgard — se fait un « blanc » d'une autre nature, un vide disponible comme un silence qui cherche à se dire. C'est ainsi que va se délimiter l'espace d'une parenthèse dans lequel se fera le récit proprement dit de *La Presqu'île* :

> « l'œil suivait machinalement la voiture, qui fuyait toute seule et menue sur le ruban miroitant, soudain attachante comme une petite vie particulière, toute animée d'une pensée *lisible*[15]. »

N'est-ce pas là l'image d'un acte d'écriture ? La voiture qui fuit sur le ruban de la route vide que lui offre une après-midi vacante, écrit l'aventure : c'est le stylo qui court sur les lignes que lui offre l'espace de cette parenthèse. Car il s'agit bien en effet d'une parenthèse qui s'ouvre pour livrer passage à une composition imaginaire :

> « C'était une *ouverture* qu'il fallait jouer pour lui tout seul ».

et qui se referme lorsque, par le bruit du train, s'annonce comme « probable » la rencontre ; mais aura-t-elle jamais lieu ?

> « une des portes du rêve s'était *refermée* derrière lui[16]. »

14. *R*, p. 9-10.
15. *Pr*, p. 44 (c'est nous qui soulignons).
16. *Pr*, p. 177 (c'est nous qui soulignons).

Dans ce que nous appellerons l'après-parenthèse, faux achèvement du récit, le blanc narratif va s'affirmer : le vide et
l'obstacle qu'il crée vont être mis en images qui effacent
littéralement les composantes du récit. La parole se
paralyse : « les mots qui allaient sortir de sa bouche seraient
raidis et glacés ». Le sentiment s'annihile, le sourire
« n'aboutit qu'à une grimace mécanique ». L'événement lui-
même se réduit à une forme qui semble jouer à échapper :
une valise et une robe claire entr'aperçues dansent « comme
un bouchon dans l'écume ». Quant au héros en qui, nous
l'avons vu, se projette le narrateur du récit[17], il ne ressent
plus que vide et impuissance à s'exprimer : il jette la branche feuillue qu'il tenait, signe de fertilité et de créativité ;
immobilisé, désorienté, il se heurte à la barrière *blanche*[18]
(on remarquera au passage combien est significative la couleur de l'obstacle). Le héros-narrateur est acculé à formu-
ler une question qui *achève* au sens fort du terme le récit :
« Comment la rejoindre ? », comment rouvrir la parenthèse ? Comment continuer le récit ? Il n'y a pas de réponse
car celle-ci appartient déjà au silence qui a repris ses droits,
et dans lequel s'est défait le récit.

Telle qu'elle s'est présentée à nous, la parenthèse gracquienne suppose un autre récit momentanément inter-
rompu, dont le contenu inconnu est parfois suggéré par
quelques allusions qui, en fait, ne font qu'augmenter
l'incomplétude. Ainsi isolé dans le silence d'un autre récit,
le récit-parenthèse présente l'écriture du pressentiment,
de l'intuition vague, indéfinie, d'un événement lié à l'histoire passée sous silence, une histoire qui, remarquons-le,
est toujours en relation avec celui que nous avons appelé
le magicien-narrateur du récit. Parce que le discours du récit
se trouve constamment doublé d'un discours allusif, il inscrit en lui l'inachevé. Alors qu'elle se referme, la parenthèse se prolonge dans la trace de cet inachevé signalée par
l'image du « sillage tendre et brûlant, lent à s'effacer ». De

17. Cf. p. 89.
18. Toutes les citations de ce paragraphe sont prises dans la dernière page du récit.

la lecture de tels récits, il se dégage l'impression forte d'un écrit *sur* le silence ; une impression qui d'ailleurs, ne s'avèrera pas moins forte dans le cas du récit boscien.

On ne peut parler d'une structure affirmée de parenthèse pour *Sylvius, Hyacinthe, L'habitant de Sivergues*, mais plutôt d'histoires jalonnées de « trous ». Ces récits offrent le jeu d'une écriture qui avance en se tissant avec des blancs narratifs, avec des glissements dans des silences qui escamotent des séquences intermédiaires dont témoignent des réflexions du genre : « J'ignore comment je suis arrivé dans cette pièce. Je n'ai gardé aucun souvenir » — « D'où lui vint le secours... Il ne l'a jamais su » — « Les choses aussi bien que les gens, à Gerbault, me paraissaient vivre sur des arrières-pensées[19]. » Cette sorte de constat d'ignorance, de soulignement d'un mutisme ou d'un silence, récurrente dans les trois récits, met en accentuation l'inter-dit qui deviendra particulièrement envahissant par la fréquence très élevée des points de suspension[20]. Ces trois points ne sont plus alors le simple signe du prolongement silencieux de l'exprimé, mais un véritable leit-motiv signe de la présence de l'Interdit dans l'écriture.

Les trois points de suspension du récit boscien, libèrent le terme qui les précède comme s'ils le faisaient accéder à la majuscule. Ils multiplient magiquement la puissance du mot[21] qui, rendu à sa solitude, creuse une réserve de sens. C'est la marque d'une entrée silencieuse dans l'espace du rêve, du pressentiment ou de l'attente ; c'est le geste d'accueil de l'irréel, de l'ailleurs ou de l'insolite. Le mot et ses points de suspension devient un mot-silence, ou si l'on veut un mot magique, parole de l'âme. Le lecteur se

---

19. *H*, p. 140 ; *Syl*, p. 33 ; *HS*, p. 181.
20. A titre d'exemple nous signalons avoir dénombré pas moins de 200 insertions de ce signe de ponctuation dans le récit *Hyacinthe*.
21. Ce que mentionne Julien Gracq à propos de l'italique dans l'écriture d'André Breton (*André Breton*, Corti, 1977, p. 185) peut, nous semble-t-il, fort bien s'appliquer aux points de suspension dans le texte d'Henri Bosco.

trouve invité en quelque sorte à laisser ce mot seul se réper-
cuter en lui, résonner pour lui. Il en va ainsi « des neiges... »
— de « tant de choses... » — du « regret... » — de
« savoir... [22] » et l'on pourrait constituer une liste d'exemples qui serait fort longue. On se contentera de remarquer
que dans la plupart des cas, le mot-silence fait partie d'un
registre que l'on aimerait qualifier d'« intime », parce que
composé à partir de mots et d'expressions que le poète nous
semble écouter autrement, auxquels il confère une plus
value énergétique ; des mots magiques comme sont par
exemple songe, lampe, pensée, loin, feu... et bien d'autres
qui présentent un rayonnement particulier dans le discours
boscien, qu'on ne peut lire avec le poète sans *voir* se créer
un espace onirique.

Mais le jeu des points de suspension ne s'arrête pas là :
on remarquera en effet, qu'ils peuvent également commencer un paragraphe qui se trouvera ainsi visuellement plus
décalé. Ils marquent nettement un temps, un espace où il
se passe quelque chose « sous silence ». L'inter-dit s'y trouve
accentué d'autant plus qu'assez souvent, le paragraphe qui
précède s'achève dans des points de suspension. Ainsi se
trouve graphiquement souligné l'espace d'une pénétration
dans le nouveau paragraphe, du silence qui était sous-jacent
au paragraphe précédent ; le silence d'un rêve, d'un souvenir ou d'une émotion est en train de prendre forme dans
cet espace. Ce sera le cas par exemple, d'un passage de
Sylvius, où l'inter-dit entre les deux insertions de points
de suspension (à la fin d'un paragraphe et au début de
l'autre) fait signe à un échange mystérieux ou mieux à un
jeu de reflets entre les deux narrateurs du récit [23] :

> « Il (Barnabé) m'écoutait, l'air béat, à longueur de veillées,
> sans jamais donner signe de fatigue...
> ...Je revois encore la scène et (...) [24] »

22. Ces exemples ont été pris dans *Hyacinthe* (p. 136, 122, 33, 119).
23. Cf. chapitre VI.
24. *Syl*, p. 20 (ce même reflet signalé par un redoublement de points
de suspension se trouve également à la page 42).

Ce même redoublement des points de suspension apparaît dans *L'habitant de Sivergues* ; il marque l'interdépendance existant entre le JE/narrateur et le conteur Béranger[25] :

> « (...) juste au pied du crucifix, sous deux cents bougies allumées... Béranger !...
> ...Je le reconnaissais bien, j'en étais tout près (...).

Et dans *Hyacinthe*, on le trouve également, signifiant l'interpénétration angoissante du JE/narrateur et de l'Autre[26] :

> « (...) l'invisible maître de cette maison redoutable, à son tour allait me ravir à moi-même (...)
> Hyacinthe me découvrirait. Elle verrait l'abominable duperie, et le monstre, que j'étais devenu peu à peu dans les ténèbres, lui ferait horreur...
> ...Jours d'angoisse (...) »

Si le récit — parenthèse gracquien donnait l'impression forte d'un écrit *sur* le silence, le récit boscien donne celle d'un ressurgissement continuel *du* silence, par l'accentuation de l'interdit dans le tissage des blancs narratifs et par la multiplication des points de suspension. L'Interdit impliquant l'adhésion à une transcendance dont l'importance thématique dans la poétique boscienne n'est plus à démontrer, se trouve structurellement signifié dans les zones où le texte se libère des mots, et libère les mots.

Un récit qui, dans sa structure, cherche à rendre tangible le silence, à en installer la présence par des vides organisés comme nous venons de le voir, ce récit « résiste » à l'absorption de sens, à ce qui serait une sorte de saturation du sens. Il tend à amplifier la marge que tout texte laisse à remplir par des lectures diverses. Il exploite l'écart entre écriture et écrit. Ceci va se manifester dans l'utilisation privilégiée d'un lexique du mystère, et dans une sorte de freinage systématique du procès du récit.

25. *HS*, p. 233.
26. *H*, p. 173.

> « Il faut *résister* tout le temps à tout ce qui parle (...)
> Il faut *résister* à ce qui nomme, juge, ordonne »
> Parfois il faut *revenir en arrière*, reprendre le chemin là
> où on l'avait laissé[27]. »

C'est ainsi que le récit *L'inconnu sur la terre*, se décrit faisant sa route de silence. « Le chemin de silence (...) j'essaie de marcher sur lui », nous confie le narrateur qui, pour ce faire, insiste sur la nécessité d'une résistance aux mots et au sens, sur l'importance du retardement, parfois même du piétinement du texte. On se trouve en présence d'une écriture qui se met en doute. Elle se répète, se nie, s'épuise dans un déferlement de mots qui semble vouloir couvrir l'espace et le temps, et qui en vient à se perdre. Les phrases reviennent sur elles-mêmes relancées par les nombreuses répétitions des « Il y a », « C'est bien », « C'est drôle », « On écoute », « On regarde », « On avance », « On voudrait »... comme si, à l'instar des tracés sur le sable de Naja Naja, ces phrases dessinaient des cercles concentriques qui n'en finissent pas de vouloir cerner quelque point invisible et, disons-le, de vouloir *toucher* un mystère du réel, de la matière qui ne cesse pour le poète, de laisser transpirer des silences provoquants. Aussi est-ce le déferlement des mots et des phrases qui, paradoxalement, ralentit le procès de la narration, en augmentant la transparence du texte au silence.

Les mots du récit le clézien vibrent, on a l'impression d'une écriture de reflets, et tout en reflets, qui se défie d'un enracinement quelconque du sens, d'une écriture déjouant ce qui serait le plus redoutable : se laisser prendre par le gel du savoir, car

> « On est vite pris par le gel du savoir ; et à la longue, on deviendrait presque intelligent[28]. »

Or, cette intelligence est pour Le Clézio, une solitude destructrice, alors que le silence implique une communion

---

27. *In*, p. 116 (c'est nous qui soulignons).
28. *V*, p. 197.

totale avec tout ce qui est[29]. Écrire pour unir, pour « lier ensemble[30] », c'est écrire la transparence qui n'est autre que le silence. Il faut faire taire l'opacité du sûr, de l'établi, de l'orienté. Comme Naja Naja, il ne faut pas prendre au sérieux le langage :

> « Naja Naja se sert du langage, mais comme cela, comme un jeu, et il n'y a pas de monuments[31]. »
> « ça n'a pas vraiment d'importance que ce soit ceci ou cela[32]. »

Ce jeu permet que s'infiltrent la simplicité et la pureté d'une langue d'enfance qui serait la forme le clézienne d'une langue du mystère. Ceci est particulièrement sensible dans *L'inconnu sur la terre* et *Voyages de l'autre côté* où la langue s'ingénie à faire passer le « l'autre côté » des mots qui, en prise directe sur le réel, sont devenus des objets de rêve... ils affleurent à quelque chose de plus essentiel, et semblent quêter une transparence au silence. Le discours de Naja Naja ne cesse de dire qu'il ne parle pas ; et le texte du petit garçon inconnu ne cesse de dire qu'il voudrait se constituer avec des mots qui ne parleraient pas, mais qui toucheraient directement tout ce qui existe. Quant aux *Trois villes saintes* elles disent la résonnance dans un silence désertique, d'un texte sacré, d'une parole prophétique et errante. Aussi les mots du récit font-ils signe à un sens déjà réaccordé au Mystère par les insertions dans le corps du texte, de fragments de cet autre texte sacré.

C'est bien d'une écriture qui dénonce l'illusion du sens, que l'on peut parler à propos du texte gracquien. Revenons à la mise en récit de l'aventure de l'écriture que nous propose *La Presqu'île*, et plus particulièrement à une image fort suggestive de l'importance donnée à une marge de vide en attente d'être comblée :

---

29. « Par le langage, l'homme s'est fait le plus solitaire des êtres du monde, puisqu'il s'est exclu du silence » (*In*, p. 38).
30. *In*, p. 10.
31. *V*, p. 25.
32. *Ibid.* p. 29.

« Il ne pensait plus rien, sinon qu'il roulait vers la mer, sur cette route vide. Vers la mer — sans savoir pourquoi[33]. »

Tout le prévu, le réfléchi, se trouve ici gommé. L'aventure de la route à parcourir — ou du texte — résiste aux « pourquoi » et aux « comment ». Les tentatives de justification ou d'explication formulées dans les premières pages, se trouvent effacées par le « blanc » qui s'est fait dans l'esprit du héros-narrateur : « il ne pensait plus rien ». Prendre la route/écrire répond au dynamisme du *manque* valorisé, c'est-à-dire au dynamisme de l'appel, de l'ouvert. Le vrai sens demeure secrètement dans la tension, la pulsion de ce « vers la mer » qui va convoquer toutes les fantaisies créatives d'un désir brûlant d'aller *vers* — insistons sur le fait qu'il s'agit « d'aller vers » et non pas d'atteindre —. Le vrai sens se cache dans ce mouvement « vers la mer », l'immense, l'infini...

L'aventure de la route à parcourir — ou du texte qui « résiste » se trouve dramatisée dans *La Route* :

> « A se défendre ainsi tout seul (...) le Perré avait dû beaucoup composer : la belle ordonnance sévère de la route (...) s'était défaite[34]. »

« défaite » au profit d'un charme essentiellement mouvement, et irréductible aux mots de la description. Le support du sens — une vieille route à décrire — est en ruines, et ce manque s'ouvre sur un plein : « variée et changeante » la route toute imprégnée « des longues intimités de la solitude », laisse couler « des songes vagues » dans l'imagination attentive du narrateur[35].Le rêve d'un vieux chemin qui « se réserve » va s'écrire.

Les expressions de l'incertitude, de la désorientation marquent le discours du voyage à Braye dès qu'il s'amorce, et mettent en doute son sens :

> « *Je me demandai* pour la première fois s'il vivait seul (Nueil) dans sa secrète villa. »

33. *Pr*, p. 62.
34. *R*, p. 14.
35. *Ibid.* p. 15.

« Il me fallut, pour demander mon chemin, sonner longtemps[36]. »

« sonner longtemps », y eut-il une réponse ? Le texte omet de le dire. Par ailleurs, une image domine et imprime à ce début de l'aventure proprement dite, un caractère tourmenté et étrange :

« la *bourrasque* seule me tenait compagnie[37]. »

et cette « bourrasque » ne fera que s'affirmer tout au long de la route d'aventure/d'écriture que le héros-narrateur n'hésitera pas à qualifier de « route en désordre » :

« je réfléchissais — ou plutôt je laissais mes pensées courir au-devant de ma route en désordre[38]. »

une « route en désordre » ne défie-t-elle pas justement le sens ? Dès le début du récit, une langue du mystère s'annonce et s'insinue dans l'image des forêts « nobles et vides » qui forment un rideau de silence » un peu initiatique derrière lequel l'oreille déjà se disposait, se tendait vaguement vers un *autre* bruit[39]. » Le mot *autre* par sa mise en italique, dresse un signal alors que le héros-narrateur descend sur le quai désert de Braye ; il annonce le *ainsi* qui se dresse à l'autre extrémité du récit-parenthèse. Ces deux signaux marquent avec insistance l'exclusion des « pourquoi » et des « comment » ; ils stipulent un texte qui « résiste ». Le pouvoir de communication des mots est fortement mis en doute, et le « manque » valorisé en silence. L'image de la boîte aux lettres de Braye réduite à l'inutilité totale, est de ce point de vue, très suggestive :

« La tempête avait cacheté la fente de la boîte aux lettres de larges feuilles jaunes trempées (...) il était impossible que quelque nouvelle pût sortir de cette bicoque figée dans son hivernage[40]. »

36. *RC*, p. 192-195 (c'est nous qui soulignons).
37. *Ibid.* p. 195.
38. *Ibid.* p. 228.
39. *Ibid.* p. 192.
40. *Ibid.* p. 227.

Une autre image vient d'une certaine façon, compléter celle de la boîte aux lettres : il s'agit de celle du coffre aux trésors. Si le texte qui « résiste » ne fait pas « sortir quelque nouvelle », il anime un mystère. L'acte d'écriture se représente, se voit dans le geste de « quelqu'un qui éclaire le coffre aux trésors[41] » ; mais le coffre ne livre pas sa clé, et le trésor demeure caché. Le texte éclaire, anime l'enclos du Silence, sans le pénétrer ; il reste en-deçà : « tout s'arrêtait au geste du bras nu élevant la lampe ».

« Le sens de la scène *m'échappait*[42] ». Cette constatation du héros-narrateur de *Hyacinthe* pourrait être celle de tous les héros-narrateurs bosciens. Ils racontent et s'avouent impuissants à décrypter le sens d'événements dont ils ont été témoins ou participants. Précisons que ce qui est mis en doute ce n'est pas l'existence d'un sens vrai, unique — comme avait parfois tendance à le faire le texte gracquien — mais bien la possibilité de l'atteindre, de s'en emparer et de le dire. Aussi n'y a-t-il rien d'étonnant à ce que le texte déploie tout un lexique du mystère qui témoigne de sa résistance à l'interprétation du sens, en même temps que de sa perméabilité au silence, car c'est précisément dans et par ce silence que s'éprouve un « quelque chose » qui vous dépasse. En effet, dans un autre passage de *Hyacinthe*, un bref commentaire apporté à la question du sens qui échappe, précise l'emprise sensible d'un tel sens :

> « Je sentais passer le message. Je n'en saisissais rien de plus. Le sens m'en échappait, mais non pas le ton, ni la chaleur[43]. »

Les termes de l'approximation, de l'indécidable, de l'indéchiffrable se multiplient ; ils imbriquent énigme et mystère. Les adjectifs du flou, de l'impossible sont redondants ; ils disent l'étrange, l'insolite, le secret, le menaçant.

41. *Ibid.* p. 228.
42. *H*, p. 100 (c'est nous qui soulignons).
43. *H*, p. 35.

Soupçonner, deviner, errer, se mettre en quête... et bien d'autres verbes forment tout un éventail qui marque l'irré-solution de la langue caractérisant un narrateur déconcerté parfois, égaré souvent, mais toujours fasciné par l'aventure à vivre... et à écrire :

> « Je ne rêvais pas. Mais la veille, sans doute, j'avais rêvé...
> Cependant pouvais-je l'affirmer ?[44] »

Et les questions s'accumulent dans le discours du récit dont certaines pages en inscrivent pas moins d'une dizaine. Il ne s'agit évidemment ni de questions rhétoriques, ni de questions figurant dans le cadre d'une conversation trans-crite, mais uniquement des questions que le narrateur pose sur lui-même, sur ce qu'il vit, rencontre, rêve, voit ou croit voir. Or, toutes ces questions restant sans réponses, tracent un chemin de « manques » dans le corps du texte ; elles épaississent le mystère qu'elles tentent de forcer sous tous ses angles. Le mouvement du récit s'en trouve freiné comme si un « jeu » se faisait sentir dans les rouages. Les questions ouvrent dans le discours, une zone d'ombre qui gagne de proche en proche. On peut se demander d'ailleurs si cette grammaire de l'incertitude importante dans la struc-ture du récit, ne serait pas en fait une verbalisation de l'Ombre essentielle à une écriture du silence chez Henri Bosco — cette Ombre qui prête forme au sens qui échappe, « cette Ombre, cette chose (qui) voulait parler et n'arrivait pas à parler[45]. »

Un sens qui échappe et qui se dissimule dans l'Ombre, sera particulièrement ressenti dans la structure d'un dis-cours dialogique attaché au processus d'une écriture du silence dans les trois récits bosciens. Par contre ce même discours se trouve pratiquement absent de la structure des trois récits cléziens et, réduit à quelques bribes de répli-ques, il apparaît dans les trois récits gracquiens, comme avorté, étouffé par le poids de silence et de mutisme du lieu et des personnages.

44. *Ibid.* p. 50.
45. *Une Ombre*, p. 113 (voir également p. 114-115-119).

Le texte boscien offre des dialogues « déviés » par la présence d'un troisième interlocuteur muet, invisible et pourtant fort envahissant :

> « Le *silence s'est mis entre nous*. Je ne savais que faire[46]. »

Ce que constate le héros-narrateur de *Hyacinthe*, définit assez bien le dialogue « dévié » : le silence se met entre les deux interlocuteurs. Il nous faut dépasser ce qui semblerait à première vue un cliché, pour laisser signifier chaque terme de l'expression, et *voir* le silence s'imposer comme interlocuteur ; il déséquilibre et trouble le dialogue engagé qui dans ce cas précis, va s'effriter en un monologue désordonné.

Un monologue ou presque, c'est la forme que tend à prendre la conversation entre le narrateur et le vieux berger, dans *L'habitant de Sivergues* :

> « Le vieux parlait, je crois bien pour lui tout seul.
> Il m'avait oublié peu à peu[47]. »

Il serait plus juste de dire qu'il y a eu déplacement du dialogue : commencé entre le JE et le vieux berger, il se continue entre le vieux berger et l'Ombre/le silence. La transcription de ce dialogue découpé par de nombreux points de suspension, en fait foi ; il semble que chaque réplique devenue un quasi monologue, reflète un étrange dialogue avec l'Ombre ; en voici quelques lignes à titre d'exemple :

> « ...Le père de M. Vincent, c'était çà... et son fils itou... Il sentait cette corde sur ses jambes... il avait dix-huit ans... J'étais déjà vieux, moi, cinq à six lustres...[48] »

Même lorsque le dialogue présente apparemment un enchaînement logique de répliques, l'incomplétude mêlée d'un certain trouble indéfinissable demeure, comme en témoigne par exemple, cette bribe de conversation transcrite entre le héros-narrateur et Martial ; et l'on pourra

---

46. *H*, p. 233 (c'est nous qui soulignons).
47. *HS*, p. 152.
48. *HS*, p. 152.

constater combien là encore, la valeur expressive des points de suspension est largement exploitée :

> « Je lui demandai :
> — Est-ce qu'il y a de la neige, ici, l'hiver ?
> Il réfléchit.
> — De la neige ?... oui ...quelquefois ...mais elle fond vite ...Heureusement qu'il en reste de grandes poches sur le plateau.
> — Alors, vous aimez la neige, Martial ?
> Il détourna la tête et me répondit, bourru :
> — C'est à cause des sources[49]. »

Il en sera de même pour plusieurs dialogues entre le héros-narrateur et la servante Mélanie, dans *Hyacinthe*. Le lecteur a le sentiment que chacune des répliques se ménage jalousement un espace de silence, ou ce que l'on pourrait appeler une « réserve » de sens.

En fait il semble bien que le discours dialogique du récit boscien veuille signifier un renforcement de la solitude de l'interlocuteur et par là-même de la solitude du texte qui se traduit par une résistance encore plus affirmée. En effet, à ce discours se trouve sous-jacent un dialogue avec l'Ombre, ressenti mais impossible à transcrire, si ce n'est par le truchement de points de suspension.

Le vrai dialogue semblerait se situer, pour le poète, au niveau d'une coïncidence entre deux mémoires, ou deux rêves, là où les Ombres, les silences communiquent, se parlent, tels ces étranges dialogues qui s'établissent entre le héros-narrateur et Hyacinthe :

> « Cette voix qui me racontait d'étranges événements (...) elle ne m'atteignait pas du dehors ; elle parlait en moi. Pourtant ce n'était pas ma voix[50]. »

Les discours direct, indirect, et indirect libre, s'y entremêlent rendant sensible un jeu d'échos entre la voix du JE et la voix de Hyacinthe, chacune s'entendant dans l'autre. Chaque réplique, chaque fragment de phrase prend la forme

49. *Ibid.* p. 182-183.
50. *H*, p. 165.

d'une allusion ou de « l'aube d'une confidence[51] ». Les mots semblent toucher à un silence du sens, et traduire l'attente de l'inouï de l'autre-sens[52].

Dans le corps de plusieurs des récits qui offrent une stratégie de l'écriture du silence, on constate la présence de textes, ou de fragments textuels transcrits, voire même des dessins, insérés comme un second récit dans le récit, et qui pourraient faire penser à des citations de contenu et/ou de forme, à une sorte de résumé intratextuel[53]. Il s'agit, au sens large du terme, d'une intertextualité dont nous savons que le rôle devrait être normalement de dialoguer avec le texte-origine (c'est-à-dire le récit où elle se trouve inscrite), de permettre de poursuivre avec plus de précision, la narration à laquelle elle apporterait un élan nouveau en éclairant le sens, en donnant une direction de lecture. Cette intertextualité qui se présentera assez souvent comme une sorte d'autotexte, c'est-à-dire selon la définition donnée par L. Dällenbach, une réduplication interne du récit (tout ou partie), va-t-elle infirmer la résistance au sens, ou au contraire la renforcer dans ces récits où le blanc narratif et l'inter-dit se trouvent privilégiés ?

Étant donné que *L'inconnu sur la terre* offre une série de dessins qui feront l'objet d'une étude spéciale dans le chapitre sur « l'iconographie du silence », ce sera sur les histoires de Naja Naja insérées dans *Voyages de l'autre côté*, que nous porterons notre interrogation, des histoires

> « pas sérieuses, loufoques, sans queue ni tête que nous raconte Naja Naja, de temps en temps, quand elle est en forme[54]. »

51. *H*, p. 178.
52. *Corps écrit*, n° 12, P.U.F. 1984, « Le silence dans les mots », p. 25.
53. Cf. « Intertexte et autotexte », Dällenbach, *Poétique*, n° 27.
54. *V*, p. 47 (Comme il arrive souvent dans l'écriture de Le Clézio. le cliché retrouve toute la force de son expression première : Naja Naja « est en forme », c'est le moment qui *met en forme* (met en narration) un rêve.

Graphiquement chaque histoire couvre une ou plusieurs pages, pratiquement sans alinéa, formant un écran de mots dressé dans l'espace du récit[55], sur lequel s'anime le merveilleux des contes d'enfant, le monde des « il était une fois », expression qui d'ailleurs commence chacune des histoires de Naja Naja. Par ces histoires, la narration dénonce l'efficacité, l'ordonnance au profit du rêve, de l'extraordinaire. Elle nie son « bruit » en se riant du sens :

> « elle (Naja Naja) nous raconte comme ça, sans y prendre garde, en riant, et aussi en oubliant quelquefois où elle en était[56]. »

Les histoires de Naja Naja transcrites ne se terminent pas vraiment. Elles glissent puis disparaissent dans le discours du récit quand celui-ci signale justement, un moment crépusculaire, car ce sont des histoires qui « marchent » avec le soleil en train « de se coucher sans se presser », qui s'écoutent en regardant la nuit venir[57]. Elles appellent le sommeil, l'état de rêve ; ce sont des « histoires à dormir debout » — entendons ce cliché dans la force de son expression première comme nous y invite du reste le narrateur :

> « c'est comme ça que *nous sommes partis*, nous aussi, *en dormant*[58]. »

Les histoires de Naja Naja constituent une intertextualité qui ouvre sur l'espace d'une parole libre, sur de courts poèmes en diverses langues qui en sont comme le revers, « l'autre côté ». En effet, faisant suite à l'histoire contée par Naja Naja, quelques vers sont tracés seuls sur une page blanche ; ils retiennent dans leurs mots le merveilleux, le rêve, la parole qui ne s'abolit pas. Ils ne signifient pas, ils *sont* dans le silence, un « chant », une « fleur », une « attente », « un appel sans fin[59] ». L'autotexte de *Voyages de l'autre côté* fait d'histoires merveilleuses inachevées et

---

55. *V*, p. 48-49 ; 140 à 148 ; 191 à 195.
56. *V*, p. 47.
57. *Ibid.* p. 47-148.
58. *Ibid.* p. 50 (c'est nous qui soulignons).
59. *Ibid.* p. 51-72-80-148.

inachevables, qui se prolongent en poèmes, vient refléter en le renforçant et en l'animant le dialogue du récit avec le silence.

Dans *Le Roi Cophétua* on constate la présence de deux sortes d'intertextualité. L'une de l'ordre de l'écrit, mentionnée brièvement, se trouve d'emblée suspectée, comme nous avons déjà eu l'occasion de le souligner pour le télégramme de Nueil dont le texte apparamment clair, ne cesse d'inquiéter : il dit autre chose. Dans le même ordre d'idée, les journaux que lit et cite le narrateur, sont « carrelés de blanc par la censure » ; au lieu de traduire intégralement l'événement, ils sont l'enclos d'une « autre chose » qui n'est pas dite : « aucune grille ne permettait de les lire[60] ». Cette parenthèse intertextuelle dans un récit qui, rappelons-le, a pu être qualifié lui-même de parenthèse[61], est donc suspectée par le narrateur, de ne pas tout dire ; ce qui vient renforcer le silence sous-jacent à l'écrit d'un récit qui « résiste », qui défie le sens.

L'autre sorte d'intertextualité présente dans *Le Roi Cophétua* est de l'ordre de l'art pictural ; il s'agit de deux tableaux nettement mis à part par le discours descriptif : l'un représentant « le Roi Cophétua et la servante-maîtresse » que nous avons déjà mentionné en tant qu'intertexte du récit-parenthèse ; l'autre, une gravure de Goya, « La mala noche[61] », que se remémore dans les détails le narrateur envoûté par la remontée de ce souvenir :

« le souvenir de la gravure de Goya se referma sur moi. »

L'atmosphère indéfinissable qui règne dans la villa — lieu du récit — prend forme par cette représentation de deux femmes prises dans une nuit de désastre, dont l'une « regarde *quelque chose qu'on ne voit pas*[63] ». A nouveau l'accent est mis sur une « autre chose » qui existe mais qui

60. *RC*, p. 185-186.
61. Cf. p. 96.
62. *RC*, p. 214.
63. *Ibid*. p. 215.

se dérobe à la description, au déchiffrage. Il est évident que cette deuxième intertextualité, comme la première, reflète le silence sous-jacent au récit ; mais en même temps, elle ébauche un sens, une orientation car elle propose des *titres*[64] qui sont des citations de contenu, des essais d'assurer la signifiance du récit, et donc d'infirmer sa résistance au sens.

Ce sont les trois récits bosciens qui présentent le plus grand nombre de transcriptions de documents découverts par le narrateur, qui viennent s'imbriquer dans le cours de la narration. Vieux cahiers, feuillets épars, inscriptions... autant de lectures faites par le narrateur, et transcrites dans le corps du récit ; des lectures qui devraient lever le voile du mystère dans lequel s'enfonce le récit :

« Je vais savoir... C'est une sorte de journal (...) Et je lis : (...)[65]. »

Le héros-narrateur de *L'habitant de Sivergues* commence la lecture des pages de ce journal trouvé dans l'armoire, dans l'espoir de savoir. Mais le manuscrit présente des vides ; de plus le héros-narrateur doit en interrompre la lecture au moment où il pensait toucher à « une autre chose », au secret ; un suspens qui va se prolonger est ainsi créé. La lecture seulement reprise à la fin du récit, ne livrera pas tout le secret[66]. Le manuscrit « résiste », se referme sur un silence intensément ressenti par le narrateur :

« ces lignes me troublèrent profondément[67] ».

Une intertextualité qui vient amplifier le dialogue avec le silence, sera également celle de *Hyacinthe*. Les inscriptions déchiffrées demeurent en grande partie énigmati-

---

64. Ce sera également le cas dans *La Presqu'île*, pour le nom du motif qui ouvre le prélude du dernier acte de *Tristan* : « Il cherchait à retrouver le nom du motif (...) il finit par retrouver le nom *La Solitude* » (p. 89).

65. *HS*, p. 199.

66. *Ibid.* p. 246.

67. *Ibid.*

tiques ; le narrateur, lecteur de ces inscriptions, se sent
d'autant plus frustré qu'il soupçonne entre elles un lien
essentiel pour mener à bien sa narration, mais ce lien, il
ne peut pas le saisir. Le nom « Armenyi » gravé sur un autel
rustique et inscrit sur un mur de la tour, demeure un mot
avec lequel on ne peut rien découvrir[68]. « Beauséant » et
la devise latine gravée dans la plaque de l'âtre de La Commanderie, évoquent sans doute les vieilles histoires des
Templiers, mais les dessins qui accompagnent cette inscrip-
tion la transforment en un spectacle étrange, indéchiffrable : « le sens général de la scène me restait
inexplicable[69]. » Sur les feuillets trouvés dans la chambre
de La Geneste, le narrateur arrive à lire quelques phrases,
mais il les qualifie lui-même de « paroles mystérieuses » qui
l'emportent dans une étrange rêverie[70]. Sur le socle d'un
vieux Saint-Jean, dans la chapelle de l'Hospitalet, est clouée
une prière manuscrite, mais en partie effacée ; le narrateur n'en déchiffre que quelques lignes[71]. Tous ces fragments intertextuels gardent jalousement le silence sur « une
chose », ils incrustent un sens caché dans les lieux qui charpentent la narration.

Le récit, version du silence, s'est imposé en tant que
texte qui « résiste » par ses blancs narratifs, son inter-dit,
sa mise en doute du sens. Il offre la structure d'un texte
dont la non-saturation et l'aspect lacunaire sont nettement
accentués ; il rappelle le langage de Hyacinthe dont les
récits ne concluaient pas :

> « Les propos les plus clairs n'étaient qu'allusions suivies
> d'un temps de silence[71]. »

Mais en fait, tous ces manques ont été des recharges dynamiques pour une écriture qui veut rendre palpable le
silence, et qui cherche à se réajuster à l'essentiel : le silence

68. *H*, p. 26-57.
69. *Ibid.* p. 100.
70. *Ibid.* p. 182.
71. *H*, p. 169.

premier, créateur. Les vides, les lacunes, les doutes struc-
turés dans un tel récit, n'équivaudraient-ils pas aux arrêts
de la voiture dans l'itinéraire vers « La Presqu'île » ?

> « Ces arrêts de quelques minutes, quand il roulait long-
> temps, le réajustaient et l'équilibraient un peu à la manière
> du diapason de l'accordeur[72]. »

A l'instar de ces arrêts, le manque, l'inter-dit, creuse un
répit de l'écriture qui, dans le silence créé, s'accorde au
« diapason » du Silence, de l'Interdit.

---

72. *Pr*, p. 151.

VIII

UNE MUSIQUE

Ce récit que nous avons suivi à travers ses thèmes et ses structures, dans l'élaboration et le développement de son dialogue avec le silence, nous met à l'écoute d'une musique étrange signifiée par un réseau particulier d'images et de constructions descriptives.

Pour saisir le rapport étroit qui s'établit dans un récit, version du silence, entre l'écriture et la musique, il semble intéressant de se référer au texte claudélien concernant la Muse Euterpe, dans *Les Muses*, où la musique est appréhendée comme fondement essentiel du processus mystérieux d'une parole poétique qui naît :

« L'émanation du profond a, l'énergie de l'or obscur, (...)
Chose précieuse, te laisserons-nous échapper ?
Quelle Muse nommerai-je assez prompte pour la saisir et l'étreindre ? (...)
Euterpe (...) levant la grande lyre insonore ![1] »

Ces quelques versets ne définissent pas la musique, ils la surprennent dans ce qu'elle *est* en vérité : une force créatrice de l'âme dans le moment même où elle « étreint » une

1. Paul Claudel, *Œuvres poétiques*, La Pléiade, 1967, p. 226.

parole « chose précieuse » qui émane du silence « l'or obscur ». Mais « étreindre », « saisir » cette émanation, qu'est-
ce à dire pour le poète ? Sinon consentir, communier à
l'action du Silence :

> « L'activité de l'âme composée sur le son de sa propre
> parole !
> L'intervention de la question merveilleuse, le clair dialo-
> gue avec le silence inépuisable[2]. »

La musique exprimée, décrite dans le récit, version du
silence, sera en fait une mise en représentation de la « question merveilleuse » qui charpente ce récit, et dans laquelle
l'acte d'écriture prend forme. La musique existera dans un
discours qui façonne des images du « clair » et de « l'inépuisable », un discours qui à l'instar de la lyre claudélienne
« pareille à la trame tendue sur le métier », fait entendre
la « note unique prospérer[3] ».

« C'est une drôle de musique », nous confie le narrateur
des *Trois villes saintes*, « muette, blanche comme la
lumière, qu'on entend dans sa tête tandis qu'on marche à
travers la forêt[4]. » Cette musique intérieure étroitement
associée à la marche à travers la forêt — à l'aventure de
l'écriture — trouve un écho dans un court poème de Paul
Valéry ; qualifié par le poète lui-même de « petit poème abs-
trait », il nous semble reproduire et amplifier la « drôle de
musique » du récit le clézien :

> « La musique qui est en moi,
>   La musique qui est dans le silence, en puissance
> qu'elle vienne et m'étonne[5]. »

Les notes de cette musique « en puissance » qui « étonne »,
ne sont pas des mots tus qu'on garderait dans le secret, mais
des mots « en puissance », prêts à naître, à bruire autour
d'un silence en éveil. Ce sont des mots qui vibrent, bril-

2. *Ibid.* p. 227.
3. Paul Claudel, *Les Muses*, op. cit. p. 226.
4. *Ts*, p. 65.
5. Paul Valéry, *Cahiers II*, La Pléiade, 1974, p. 1267.

lent, éclairent[6], mais qui ne parlent pas. Ils sont dans leur premier élan, en train de se former, de progresser comme la lueur pâle de l'aube qui sort de la nuit :

> « J'entendais ses mots (de la musique) au fond de moi comme un chant d'enfance qui revient soudain, et alors j'aurais vraiment besoin de parler[7]. »

Une musique du silence qui fait naître le besoin de parler, n'est-ce pas là le secret de la création poétique ? Et n'est-ce pas l'obsession d'un poète tel que Le Clézio, de vouloir exprimer le « clair dialogue avec le silence inépuisable », fixer le moment unique où s'entendent les mots d'une musique du silence, moment où la musique intérieure a rejoint la musique du monde qu'elle pressentait ; moment où se forme une parole dont se saisit l'écriture.

> « Je voudrais faire seulement ceci : de la musique avec les mots[8]. »

Composer une musique inhérente au récit, ce serait donc créer les images d'une *aube* du langage retrouvée, dans des syllabes, dans des mots, dans des phrases qui « chuintent, roucoulent, craquent, résonnent[9] ».

Le poète va cerner de plus près sa musique en lui attribuant un instrument : le pipeau privilégié pour dire la lueur blanche, la note claire, l'étincelle timide de l'*aube* :

> « Ce serait seulement une petite musique de pipeau, à peine rythmée du bout des doigts de la main gauche sur un calebasse renversée dans un seau d'eau ; une musique claire et naïve qui monterait haut dans le ciel[10]. »

L'image le clézienne d'une musique du silence inhérente aux mots, répond à l'image claudélienne de la « lyre pareille à la trame tendue sur le métier » : la flûte traduit la Source, la lyre personnifie le son créateur. Mais il nous faut préci-

---

6. *Ts*, p. 56.
7. *In*, p. 309.
8. *Ibid.* p. 311.
9. *In*, p. 311.
10. *Ibid.* p. 313.

ser que pour Le Clézio le son créateur demeure au fond des mots, il en est le *génie*[11] qu'il serait nécessaire de libérer pour que l'écriture soit en vérité « l'invention de la question merveilleuse ».

Le personnage énigmatique de Nueil dont l'absence creuse et magnétise le récit *Le Roi Cophétua*, est présenté dès le début comme un compositeur qui cachait sa musique[12]. Le lieu du récit — de l'écriture — est marqué d'une « qualité de silence » attachée au travail particulier du compositeur[13]. Si nous considérons que le JE/narrateur et Nueil forment les deux visages du Narrateur — compositeur du récit : Nueil le metteur-en-scène, JE l'acteur-transcripteur, le texte qui en résulte doit être sous-tendu effectivement, par une musique cachée. D'ailleurs ne serait-ce pas l'existence de cette musique que le JE/narrateur nous signale lorsque, « l'oreille tendue comme si elle eût été posée sur une poitrine », il cherche à surprendre et à capter « un bruit venu du cœur lointain de la maison ?[14] » Or, le cœur de cette maison — dynamisme du récit — bat au rythme d'une *lueur* qui apparaît et disparaît : une petite onde de lumière s'éveille, danse, coule ; le JE/narrateur la suit un peu comme s'il suivait des yeux une partition de musique, et c'est alors qu'il a le sentiment d'entendre battre le cœur de la maison[15]. Une sorte d'équation s'établit entre la musique cachée et la lueur au cœur de la maison — au cœur de la composition du récit —. Ici, il semble intéressant de souligner que l'instrument privilégié est à nouveau la flûte, puisque la lueur est décrite métaphoriquement comme une « mélopée flûtée » :

> « La flamme d'une bougie est pour le regard désœuvré ce qu'est pour l'oreille qu'elle ensorcelle une mélopée arabe, avec ses longues tenues de notes hautes, la débâcle de ses

11. *V*, p. 201.
12. *RC*, p. 191.
13. *Ibid.* p. 237.
14. *Ibid.* p. 207.
15. *RC*, p. 204.

soudains gargouillis flûtés, et de nouveau ce rétablissement uni et monocorde, où on dirait qu'on peut s'accouder[16]. »

Une musique inhérente à la composition du récit, appréhendée dans les jeux de mouvements d'une lumière pâle qui dialogue avec le silence du lieu, n'était-ce pas précisément la caractéristique de la « drôle de musique » le clézienne ? Ne retrouve-t-on pas également la référence au même instrument : la flûte, et une description semblable des sons avec la dominance d'une note qui « prospère » pour reprendre le terme claudélien. Pourtant il nous paraît nécessaire de mentionner une différence importante qui se profile dans ce parallèle : la musique inhérente au *Roi Cophétua* joue non pas comme un chant d'enfance naïf et clair, mais comme une mélopée nocturne qui enferme dans sa phrase musicale quelque chose de vague, de monotone et de pathétique, dans laquelle l'appel s'est substitué au « clair dialogue ».

La musique inhérente au récit *La Presqu'île* sera par contre beaucoup plus proche du chant d'enfance, d'une « aube » retrouvée. Elle est présente dans la rêverie sur les noms de lieux qui balisent l'itinéraire du texte : ces vieux noms que le narrateur redécouvre, font « *hausser le ton* au paysage, comme un ténor encouragé qui attaque plus allègrement sa note de bravoure[17]. » Simon, le faiseur du récit, chante le paysage qu'il « écrit » au fur et à mesure que se déroule la route ; c'est ainsi qu'il « entonne en imagination le cantique du Bocage, tel qu'il ressuscitait de ses souvenirs d'enfance[18] ». La musique du silence dans ce récit, fait partie intégrante de la redécouverte d'un paysage d'enfance qui se constitue en songes, en échos profonds, en parole re-naissante « haussant le ton », et qui présente une certaine parenté avec la note de la musique le clézienne « qui monterait haut dans le ciel » :

16. *Ibid.* p. 218.
17. *Pr*, p. 63 (c'est nous qui soulignons).
18. *Pr*, p. 63.

> « Quand il roulait (...) il y avait quelque chose en lui qui
> chantait toujours *un ton au-dessus* de l'accompa-
> gnement[19]. »

C'est sans aucun doute avec l'écriture boscienne que
le terme *musique du silence* trouve un renouvellement de
signifiance. L'appartenance d'une musique au silence va
s'orienter vers une identité entre musique et silence. Certaines rêveries particulièrement intenses donneront libre
cours à des mises en représentations qui pourraient être
celles de la « grande lyre insonore » des musiciennes du
Silence claudéliennes :

> « (le silence) Il forme une musique étrange qui se développe
> en deçà et au-delà de tous les registres perceptibles[20]. »

Le langage poétique attribue au silence des composantes
spécifiques de la musique : la hauteur du son, la densité
et la qualité du timbre. Car le silence possède une *voix*, une
échelle de *sonorités* ; il serait impensable de le définir
comme « ce qui se tait ». Le poète insiste sur le fait que ni
l'univers cosmique, ni le cœur de l'homme ne se taisent,
mais leurs bruits sont pénétrés de silences, ou mieux bruits
et silences fusionnent en une « musique ».

On trouve dans le récit *Hyacinthe* une sorte de schématisation représentative de ce silence-musique révélé par
les bruits du Créé. Le texte décrit l'enclos d'un vide sonore
que circonscrit une frange vibrante, entendons une zone
assez imprécise, une mouvance pourrait-on dire, où s'ébau-
chent des figures. La partition de cette musique se situe
dans le halo ainsi déterminé :

> « Ainsi se forme peu à peu autour de ce vide sonore (...)
> le halo de l'imperceptible[21]. »

On ne manquera pas de remarquer que l'expression « halo
de l'imperceptible » fait signe au tracé d'un cercle de
lumière diffuse qui implique une source lumineuse première

19. *Ibid.* (c'est nous qui soulignons).
20. *H*, p. 68.
21. *Ibid.*

présente mais imperceptible. On retrouve la relation silence — lumière — musique décelée dans le texte de Le Clézio comme dans celui de Gracq, mais avec une insistance mise sur le mystère de la source, de « l'énergie de l'or obscur ». Le « halo de l'imperceptible » qui *est* cette musique — silence, désigne également ce sur quoi se fonde l'écriture poétique boscienne ; écoutons à ce sujet le narrateur de *Un rameau de la nuit* :

> « Ici, au-dessous de ces mots que je prononce et dont les sons, lorsque j'écris, parlent à mon oreille, un *silence étrange subsiste.* (...) Il ne révèle pas le vide, mais une présence voilée : celle des âmes[22]. »

La composition d'une musique-silence dans certaines images du texte boscien, trahit une hantise du monde des âmes dont la présence « imperceptible » serait en définitive cette musique support de l'écriture, musique étrange que le héros-narrateur de *Malicroix* nomme le « vrai silence ».

Un chant inaudible joué par les ondes de solitude dans un espace immatériel et infini de blancheur à la fois intérieur et extérieur, représente une musique/vrai silence perceptible dans un vertige profond de l'être quand se confondent les espaces de l'en-dedans et de l'en-dehors, moment créateur par excellence :

> « C'était un silence perceptible, sans doute ce qui vibre au-dessous des sons les plus bas, le frémissement de l'éther sur les cordes graves et lointaines du monde[23]. »

Tous ces textes descriptifs du silence insérés dans le récit boscien, correspondent à des temps forts de l'écriture où le narrateur s'ingénie à rendre compte d'une musique qui *a pris* la parole. Ceci doit s'entendre aussi bien dans le sens d'un commencement du « dire », d'une naissance des mots, que dans celui d'un retour des mots au silence ; ces deux sens fusionnant en un seul exprimé dans les images du « halo de l'imperceptible » et du chant inaudible où « du silence un silence s'élève[24] ».

22. *Un rameau de la nuit*, p. 34 (c'est nous qui soulignons).
23. *Malicroix*, p. 190.
24. *Ibid.*

Une musique qui *prend* la parole et qui *s'entend dans l'âme*[25], c'est sans conteste celle jouée par Sylvius, créature du silence. La musique-silence trouve dans ce récit, son accomplissement : « le jeu tout pur, sans autre but que de jouer » devient objet direct de la narration. Une parole s'invente, se met en représentation dans des images, des personnages qui naissent et vivent de la musique se jouant et créant la vision magique d'un grand silence. Or l'instrument de ce « miracle » n'est autre qu'une clarinette rappelant la flûte suggérée dans les images de la musique chez Le Clézio et Gracq, mais avec le caractère plus marqué d'une insertion dans le concret d'un paysage spécifique : en effet, la clarinette évoque la musique folklorique méditerranéenne. La musique — silence racontée dans *Sylvius*, ne serait-elle pas alors la mise en scène/en écriture, du silence étrange qui subsiste sous les mots qu'évoquait le héros-narrateur de *Un rameau de la nuit* ? Sous les mots d'une « terre » poétique propre à Henri Bosco ; ce silence serait

> « une musique un peu naïve, où les sons évoqués par une bouche tendre s'allongeaient au-delà de la mesure pour chercher des sentiments graves, des souvenirs ou des regrets peut-être[26]. »

La musique inhérente au récit boscien récapitule en elle, les musiques du silence gracquienne et le clézienne, et les conduit sur le chemin d'une assimilation totale au silence. Elle est tout à la fois chant d'enfance et chant nocturne, chant intérieur et chant cosmique. A l'instar de la « grande lyre insonore » claudélienne, elle « *voit* tout entre (ses) fils bien tendus, et la Terre avec ses feux, et le ciel avec ses étoiles[27]. »

Le récit, version du silence, multiplie les possibilités de compositions d'images, dans une tension de l'écriture vers

---

25. *Syl*, p. 54-56.
26. *Ibid.* p. 55.
27. P. Claudel, *Les Muses, op. cit.* p. 227.

la forme d'expression unique qui coïnciderait avec « la question merveilleuse ». Dans les diverses transcriptions du drame d'une parole en quête de son dépassement, une iconographie vient doubler les expressions d'une musique du silence.

IX

UNE ICONOGRAPHIE

« Il semble », écrivait Bachelard, « que pour bien comprendre le silence, notre âme ait besoin de voir *quelque chose* qui se taise[1]. » Nous donner à voir quelque chose qui se taise, ce sera précisément le rôle d'une iconographie insérée dans le discours du récit. Elle opérera une intensification des images cherchant à creuser le chemin qui mène au « dialogue avec le silence inépuisable ».

Le Clézio voit dans le mot « écrasé par la presse sur le papier vierge » les marques simultanées d'une *figure de bruit* et d'une *figure de silence*[2]. Le signe graphique se définit dans ces conditions, comme le tracé d'un bord, d'une limite, d'une frontière entre bruit et silence ; et le mot devrait alors être considéré comme le dessin d'un seuil. La saisie et la mise en représentation de cette double figure du mot, vont donner naissance dans le graphisme qui organise la page du récit le clézien, à une iconographie dont les divers tableaux relateront ce que les thèmes et les structures mettent en valeur, à savoir le drame d'une parole qui

1. G. Bachelard, *L'eau et les rêves*, Corti, 1942, p. 258.
2. *L'extase matérielle*, p. 279.

se défait, qui fait retour au silence. L'iconographie va donner en quelque sorte un corps à « l'autre côté » des mots, à leur revers silencieux, cherchant à dire la tentative d'accéder à quelque vérité cosmique cachée :

> « Il fallait que le signe rentre en lui-même, cessant de singer. Que la longue phrase douloureusement architecturée défasse son réseau et s'évapore (...).
> Il fallait que cette phrase s'unisse par tous ses points à la matière silencieuse dont elle était issue[3]. »

Ainsi il nous est donné à *voir* des noms d'anciens lieux, ou d'arbres devenus des noms magiques, dériver sur la page blanche « comme des îles, muets, muets[4] », dessiner la cime de feuillages dans l'espace du récit *Trois villes saintes*. Des mots immotivés, des signifiants rendus à leur « figure de silence », couvrent comme des nuées d'oiseaux, quatre pages du récit *Voyages de l'autre côté* dessinant des jeux de courbes[5]. A ces ballets de mots il faut ajouter les tracés de routes faits de listes de noms de bateaux écrits en lettres capitales[6]. Ces noms déroulent leurs figures de silence ressenties comme des notations musicales qui font rêver à des là-bas, à des au-delà.

Avec le récit *L'inconnu sur la terre* où l'iconographie prend une importance toute particulière en tant que composante du discours fictionnel, va s'affirmer la tentative de réaliser l'impérieux désir de libérer le mot, de le rendre transparent à l'espace infiniment ouvert. Ceci s'exprimera par des signes iconiques insérés dans le procès du récit et constituant des sortes de paragraphes en écriture défaite. On verra s'animer sur la page une danse de petits traits fins qui s'étoilent entre et sur des morceaux de lignes courbes, comme des notes de lumière vibrant sur une portée de rêve : ne serait-ce pas quelque ébauche d'une « icône » de la musique du silence ? « des étincelles blanches sur la mer, la seule monnaie que je voudrais avoir », nous confie le

3. *Ibid.* p. 307.
4. *Ts*, p. 20-21.
5. *V*, p. 174 à 179.
6. *Ibid.* p. 81 ; *In*, p. 247.

poète[7]. On suivra des yeux les tracés élémentaires d'oiseaux composés de deux petits traits obliques plus ou moins accentués, qui traversent l'espace blanc en tout sens :

> « (...) le silence est si profond, à travers lui passent les vols d'oiseaux blancs[8]. »

Les dessins des vols d'oiseaux sont les signes d'un langage reconduit vers l'inexprimable. On ne peut ici, manquer d'évoquer un très beau texte de Saint-John Perse à propos des oiseaux de Braque :

> « Sur la page blanche aux marges infinies, l'espace qu'ils mesurent n'est plus qu'incantation. Ils sont, comme dans le mètre, quantités syllabiques. Et procédant, comme les mots, de lointaine ascendance, ils perdent, comme les mots, leur sens à la limite de la félicité (...)
> Ils sont, comme les mots, portés du rythme universel[9]. »

Par ailleurs, toujours dans *L'inconnu sur la terre*, une série de dessins se présentent comme des tableaux mettant plus particulièrement en valeur la limite et le passage. L'iconographie semble alors, faire signe avec insistance à une entrée dans l'espace du silence. Elle met en représentation l'ICI ; elle montre les sentiers réels de la terre, les arbres, les rochers, l'eau, la lumière... autant de silences matérialisés. Mais en même temps elle montre la ligne d'horizon et l'autre côté de la limite : le très grand silence. Et cette double monstration se trouve iconisée par plusieurs dessins offrant une sorte de mise en italique du texte. Les mots, les phrases qui disent les rochers, l'eau, la lumière... se prolongent et s'ouvrent sur un donné à voir, une « figure du silence » dessinée qui prend la dimension d'un Signe synthétique, d'une totalité.

Il s'agit d'un dessin au trait, sans fioritures, sans naïveté, qui présente l'enveloppe d'un secret. Ce n'est ni une illustration, ni un complément au texte ; c'est, comme nous

7. *In*, p. 112.
8. *Ibid.* p. 11.
9. Saint-John Perse, *Œuvres poétiques*, Pléiade, 1972, p. 417-421.

l'avons dit, une « italique » dans laquelle l'écrit reflète son revers silencieux, son « autre côté ».

Chacun des tableaux est basé soit sur le tracé d'un rocher, soit sur le tracé de la surface de la mer. Le dessin offre une zone noircie ou hachurée de traits serrés et une zone nue, blanche, que seule une ligne délimite. La zone d'« encre » structure un paysage, la zone de « blanc » signifie son achèvement, c'est-à-dire sa dissolution dans le silence. Ceci est particulièrement frappant pour le dessin d'une avancée de rochers dans la mer, dessin qui met en italique la phrase suivante :

> « Arrêté tout à coup ici, immobile, devant le seul endroit au monde qui ait de l'importance : juste derrière les rocs couleur noir d'encre, il y a la tache éblouissante qui scintille sur la mer[10]. »

Le paysage dessiné — les « rocs couleur noir d'encre » — construit un chemin qui s'éclaire alors que les rocs semblent se tendre vers une nappe lumineuse, reflet sur la mer du blanc infini qui est de l'autre côté de l'horizon, de la dernière ligne du dessin ; un blanc vers lequel le chemin tracé conduit le regard :

> « Ces traits fins marqués à l'encre noire sur la surface blanche du papier n'avaient pas (...) dominé le monde (...) Car au-delà des couleurs et des formes, la matière régnait, indivisible, inscrutablement belle et énigmatique (...)
> Ce tableau était aussi un *tableau en blanc*[11]. »

De fait, en regardant le dessin des rochers, on est immédiatement attiré par la découpe blanche au-dessus du tracé de l'horizon. Il en est de même pour les autres dessins-tableaux du récit : ils ne retiennent pas le regard sur eux, mais le conduisent au-delà d'une limite tracée, par-delà l'expression vue du tableau où il y aurait présent et invisi-

---

10. *In*, p. 81.
11. *L'extase matérielle*, p. 280.
Nous avons mis au singulier le sujet et le verbe de la dernière phrase qui sont au pluriel dans le texte, afin d'appliquer cette réflexion directement au dessin commenté.

ble ce que le poète définit comme « cette virginité, ce plan général et secret de ce qui est plat, étendu, sans caractère[12] » — et sans caractères graphiques — en d'autres termes : le silence de l'origine.

Pour deux de ces dessins, la limite n'est pas représentée par un trait, mais par un point mis en relief : le sommet d'un rocher où se situe comme un signe isolé, le tracé élémentaire d'un homme dans un cas, celui d'un enfant dans l'autre cas. La silhouette esquissée prolonge le dessin dans l'espace blanc, comme un trait d'union entre la matière et un domaine où ne règnent plus les jeux de la lumière et de l'ombre. L'homme ou l'enfant semble être en quête de joindre une fin à un commencement :

> « Il n'a pas accepté que son regard puisse s'éteindre un jour, et il a voulu *prolonger ce regard au-delà de l'horizon établi*. Mais en faisant cela, en s'enivrant ainsi de son désespoir, jusqu'à l'espoir même, c'était la mort qu'il voulait retrouver[13]. »

Cette silhouette, ce signe au sommet du rocher, répond d'une certaine manière, à l'interrogation du poète :

> « Je vais, mais ne vais nulle part. Comment dessiner cela ?[14] »

Elle figure un départ qui n'est lié à aucune arrivée, départ qui porte en lui-même sa vérité et sa fin :

> « (cette vérité) me fait mouvement, et en même temps elle me fixe[15] ».

mouvement et fixité, c'est ce que représente le dessin. Fixé sur le rocher, le signe graphique de l'homme semble pris dans un mouvement en avant puisqu'il se prolonge dans le tracé d'une sorte de bâton pointé sur l'espace blanc. Quant au signe graphique de l'enfant, il se prolonge dans le tracé d'un cerf-volant dont le fil disparaît dans l'espace ouvert. C'est, remarquons-le, un fil sonore :

12. *L'extase matérielle*, p. 281.
13. *Ibid.* p. 269 (c'est nous qui soulignons).
14. *Ibid.* p. 126.
15. *Ibid.* p. 127.

« *J'irais* avec ma musique comme un cerf-volant dans le vent, en dansant. *Je resterais* assis sur ma pierre blanche, pas loin de la mer ; mais ma musique libre *m'emporterait*[16]. »

Ce dessin de l'enfant au cerf-volant n'aurait-il pas dans le récit, la valeur d'une « icône » de la musique du silence ? En rapprochant cette dernière citation des deux autres qui la précèdent, on sent la hantise de dire avec les mots comme avec les dessins, un silence inhérent à l'être, écho d'un autre Silence qui est essentiellement mouvement et fixité.

Revenons au tracé du cerf-volant qui exprime, en plus de l'élargissement de l'être, une libération totale du mot devenu sonorité du silence. Et le dessin signifie une « musique » qui serait le chemin frayé dans le grand silence des espaces ; une « musique » qui permettrait que s'appréhende et se connaisse le *vrai silence*. En définitive, ne serait-ce pas « un moment de vrai silence » que représentent les dessins de *L'inconnu sur la terre* qui, dans leur extrême simplicité disent un chant d'enfance porté par l'espace blanc :

« (...) une incantation, une poésie, qui sait ?[17] »

L'iconographie qui médite sur des mots libérés, sur des « figures de silence » rendues à elles-mêmes, ne pourrait-elle pas accéder au statut d'une parole prophétique ? Les dessins de Le Clézio disent une impatience de retrouver l'essentiel : un silence énergétique qui fait exister. Ils disent que les mots ne sont plus intéressés à parler, à servir l'artificiel, l'efficace ; ils veulent « coller aux choses[18] », précisément à ces choses qui entrent dans une aventure de terre, d'eau et d'air, une aventure cosmique pour laquelle le poète veut écrire avec des mots qui dessineraient ces choses :

« (les mots) ils voudraient dessiner ici, avec application, chaque détail, chaque nuage, chaque feuille d'herbe, et leur donner la vie. Ils voudraient réinventer le paysage[19] ».

16. *In*, p. 314 (c'est nous qui soulignons).
17. *Ibid.* p. 311.
18. *L'extase matérielle*, p. 274.
19. *In*, p. 109.

Les mots veulent dessiner, arracher à la Création son mystère, et pour ce faire ils tentent désespérément de coïncider au grand silence ; ils sont occupés à ne point parler, ils possèdent, ils se souviennent ; ils se font dessins qui *écoutent*... C'est en ce sens, nous semble-t-il, que l'iconographie de *L'inconnu sur la terre*, pourrait être qualifiée de prophétique :

> « Je veux écrire pour une autre parole (...) pour une vie nouvelle[20]. »

Dans la tache de lumière qui va s'élargissant, dans le sillage du cerf-volant de l'enfant, dans l'espace vers lequel pointe le bâton de l'homme, l'iconographie annonce une coïncidence au grand silence cosmique, ce vers quoi tend tout le récit qui, dans un dernier dessin va exprimer « l'instant où tout peut apparaître ». Les formes d'un premier croissant de lune et d'une étoile « ouvrent » à l'infini le récit alors qu'il s'achève, sur les signes d'une lumière naissante dans la nuit, d'une promesse et d'une orientation dans le grand silence.

L'iconographie a balisé un chemin de silence, destination de l'écriture. Il est d'ailleurs significatif que sur ce chemin — à peu près au centre du récit *L'inconnu sur la terre* — se dresse seul, libéré de tout système question — réponse, le tracé d'un grand point d'interrogation. C'est, nous dit le poète, « un message, écrit sur une grande feuille de papier blanc, pour celui ou celle qui saura le *lire*[21]. » Ce point d'interrogation à *lire* semble jouer dans l'espace du récit, comme le signe emblématique d'un texte, version du silence.

Des dessins tels qu'ils se sont présentés à nous dans l'écriture de *L'inconnu sur la terre*, ne figurent pas dans le récit gracquien où rien n'est montré en images sensorielles. Pourtant il suffit de se remémorer le commentaire de Julien Gracq sur l'italique d'André Breton, pour être persuadé que la mise en italique de certains mots et expres-

---

20. *Ibid.* p. 312-313.
21. *Ibid.* p. 192 (c'est nous qui soulignons).

sions du récit doit être considérée comme une représentation iconique :

> « (le mot en italique) un visage qui se fige devant nous sur l'écran en *gros plan*, dans une immobilité fascinante, dans un air purifié qui lui restitue un bref flamboiement[22]. »

et quelques lignes plus loin, Julien Gracq compare explicitement l'italique à une *image* cinématographique. Ceci met en évidence l'impact d'une présence physique du mot accentuée par la graphie italique qui introduit dans le corps du texte, le passage du lire au voir, de l'aboli au non-aboli. Au mot banal, à la locution usagée, se substitue « l'icône verbale[23] » ; le mot ou l'expression se met à « rêver », à « s'imaginer » pour reprendre les termes de Bachelard, c'est-à-dire à faire image, à produire des images.

A travers et au-delà du sens littéral, le terme en italique *montre* quelque chose d'autre. Ainsi se créent dans le procès du récit, des moments iconiques qui présentent deux caractères essentiels : le suspens et l'ouverture dans le silence sous-jacent au texte. Les nombreuses mises en italiques du récit *La Presqu'île*[24] iconisent la démarche du narrateur reflétée dans celle du héros, et visualisent les motifs soulevés et recréés par l'imagination à partir des paysages réels que déroule l'itinéraire « vers la mer ».

Les italiques concernant le « faire » du héros et donc du narrateur, portent presqu'exclusivement sur des formes verbales. A partir d'elles on pourrait constituer une sorte de résumé de l'aventure de l'écriture : Simon éprouve une inquiétude consécutive à sa décision de se mettre en route, et à la quête du *bon motif* ; il cherche à *voir*, à *répondre* mais désorienté il éprouve la sensation d'être *tard-venu*, *rejeté*, de demeurer *un peu avant* ; il *touche* le froid, le silence, la nuit ; il n'*est* que ce moment d'exception ; il sent la peur le *rejoindre*[25]. Ce « résumé » est rendu emblémati-

22. *André Breton*, Corti, 1948, p. 188.

23. Cf. P. Ricœur, *La métaphore vive*, Seuil, 1975, sixième étude.

24. Sans compter la mise en italique de termes étrangers, on en dénombre une cinquantaine dans le récit.

25. *Pr*, p. 55-57-66-79-82-85-138-140-167.

que du récit par les mises en italique qui rayonnent en carrefours d'images accordées sur un « diapason » fondamental mais caché, appartenant au silence qui, en quelque sorte, double l'écrit du récit.

La majeure partie des italiques de *La Presqu'île* porte sur des substantifs qui iconisent l'itinéraire. Ces mots s'accrochent tout au long du parcours ; ils jouent comme les signaux d'une déviation, de « quelque chose d'autre ». Ils « rêvent », chacun différemment, le récit — parenthèse : on relèvera, entre autres, *changement de décor — réserve — fête complète — loge de mer — le tour du propriétaire*[26]... Ils s'ouvrent sur des images qui, elles aussi, s'accordent sur un « diapason » du silence.

Un certain nombre de mises en italiques du récit *Le Roi Cophétua*[27] iconisent, comme pour *La Presqu'île*, le récit — parenthèse. Le premier terme en italique *entre-deux* donne le ton à plusieurs autres termes également en italique, qui se répartissent dans le corps du texte en en reflétant l'image thématique et structurelle ; ils évoquent un espace délimité, fermé, mis à part voire même interdit, tels que : *détaché*, un *instantané, réserve, chez lui*[28]... Mais le plus grand nombre des italiques de ce récit iconise de diverses façons, le moment fixé par le tableau « le Roi Cophétua » — moment sur lequel se fonde l'écriture du récit, comme nous avons déjà eu l'occasion de le voir — ; par là-même s'iconise le jeu de la femme, créature du silence, qui détient d'une certaine manière, le « faire » du récit[29]. *Perdu* va « s'imaginer » par trois fois dans l'écriture de l'aventure : une expression *perdue*, une élégance *perdue*, le *profil perdu*[30]. L'italique conférée à *ornements blancs* revêtus par la femme, introduit l'image du sacré, du liturgique. Par ailleurs, des formes verbales en italique vont mettre en images le silence de cette servante-maîtresse qui « avait l'air

26. *Ibid.* p. 52-60-66-97-116.
27. Il s'agit d'une dizaine de mises en italique.
28. *RC*, p. 191-197-198-201.
29. Cf. chapitre VI.
30. *RC*, p. 210-215-238.

d'*apparaître* », qui *savait*, dont le corps restait *livré*[31]...
Toute cette iconographie prend la dimension du rappel insistant d'une clé... perdue.

Le court récit *La Route*, offre quatre mises en italique qui semblent l'encadrer : deux dans les premières pages — *grand chemin, direction* — deux dans les dernières pages — *choisir, faute de mieux*[32]. Comme dans les récits précédents, il s'agit de mises en italique qui iconisent le processus d'écriture. Là encore, à partir d'elles, on pourrait constituer une sorte de résumé emblématique : le *grand chemin*, l'« inquiétante route » sur laquelle s'engage le narrateur, recèle en lui une *direction* difficile à découvrir ; le narrateur se sent *choisi* par ses personnages, femmes du/de silence qui se donnent à lui *faute de mieux*. On a l'impression que chaque terme en italique projette un tableau du drame d'une écriture demeurant en-deçà de son désir à cause d'un silence impénétrable. Chaque terme en italique joue d'une certaine façon, dans le corps du texte, le rôle du grand point d'interrogation isolé sur une des pages de *L'inconnu sur la terre* : c'est un message pour qui saura le lire. Il esquisse des images qui ébranlent la notion de « double sens » du mot telle qu'elle est communément admise[33], il introduit une « tonalité » difficilement définissable qui serait « le jour » sous lequel devrait être lu le récit.

A propos de l'italique d'André Breton, Julien Gracq écrivait :

> « Cette intrusion incivile du mot *nu* qui soudain nous tire par la manche, nous contraint à nous frotter les yeux et instantanément à perdre pied[34]. »

Un mot *nu*, n'est-ce pas la meilleure définition à donner à l'italique gracquienne qui, à l'instar du dessin le clézien, opère une libération et une sublimation du mot impliquant un retour au silence.

31. *Ibid.* p. 221-240-243.
32. *R*, p. 9-12-29.
33. Cf. *André Breton*, op. cit. p. 185.
34. *Ibid.* p. 187.

Le dessin proprement dit n'apparaît pas dans l'espace du récit boscien, mais comme pour le récit gracquien, certaines parties du discours sont dotées d'un intense pouvoir iconique. Il s'agit de parties descriptives qui portent bien au-delà de la simple description ; elles iconisent une montagne spécifique qui joue dans la poétique boscienne, le rôle d'une « grande image » : le Lubéron. Henri Bosco reconnaîtra que « la hantise de cet au-delà qui se cache juste derrière les crêtes, a troublé toute (sa) vie[35] ».

> « — Le Lubéron, c'est ça ?
> Je désignai la masse bleue[36]. »

> « Je te voyais comme une muraille grise et par endroits bleutée (...) *tu n'étais plus une montagne*, mais une puissante arrière-pensée qui barrait l'horizon[37]. »

Le Lubéron : *ça*, une *masse bleue*, une *arrière-pensée*. Le mot « Lubéron » pour le poète, ne désigne plus seulement le paysage montagneux connu. Il impose à la rêverie des figures d'opacité, de dépassement et de mystère. Il déploie sa « formule » iconique et représente un « autre côté » de ce paysage réel.

Le Lubéron... une puissante *arrière-pensée*. Il nous faut détacher, libérer ce terme désignateur de son sens trop communément admis, pour laisser jouer comme carrefour de sens chacun des deux éléments composants. Se développe alors, l'image de « quelque chose qui arrive », d'un vertige où les espaces intérieur et extérieur ne sont plus différenciables. Ne serait-ce pas là l'image significative d'un silence qu'on imagine au-delà de tous les silences connus ? Un arrière-fond de tous nos silences humains d'attente, de bonheur, d'angoisse... La forme « Lubéron » est vécue de l'intérieur par le poète. Prise à la source d'un désir profond, voire même d'une obsession, elle « retentit » pour devenir créatrice d'images d'une présence : celle d'un silence énergétique, indicible.

---

35. « Lubéron », *Cahiers Henri Bosco*, n° 19/20, 1980, p. 11.
36. *HS*, p. 148.
37. « Lubéron », *op. cit.* (c'est nous qui soulignons).

« Lubéron » …un nom opaque qui se tait, qui grave le silence ; un nom que l'écriture boscienne va iconiser. A partir de lui, autour de lui, se creusent des tracés imaginaires. L'écriture se saisit de ce que nous pourrions appeler un rayonnement iconique du Lubéron. Le « voir comme » semble céder le pas au « faire apparaître » où fusionnent le sens et le sensible. Alors naît sous la plume du poète l'icône verbale[38] du silence. Le terme « icône » doit être entendu dans son sens fort et premier, à savoir une peinture liturgique insérant en elle-même une expérience du mystère. Bien plus qu'une image descriptive, l'icône verbale serait dans l'espace de l'écriture, un « rivage parlé » d'où s'appréhende, se *voit* une présence du silence ; un « rivage » car l'icône verbale fixe une limite extrême où les significations s'épuisent, où les mots semblent se vider pour accueillir une chose indicible, pour s'ouvrir sur l'ailleurs cette réserve de nouveau[39].

« Rivage parlé », l'icône verbale décrit en se situant dans la perspective d'un autre côté de l'horizon, de l'au-delà d'une limite dernière, et donc de l'Inaccessible. Aussi se différencie-t-elle de l'icône verbale gracquienne ; elle témoigne d'un regard autre ; ses mots reflètent une intuition mystique du poète ; ils content un tableau qui se prolonge au-delà de son apparence :

« un tableau derrière lequel il y aurait quelque chose, *ce tableau se prolonge*[40]. »

Ce qu'exprimait Henri Bosco d'un paysage contemplé longuement, pourrait en effet être attribué à l'icône verbale du silence apparaissant dans ses récits, une icône qui est écrite pour être vue et pénétrée.

Ainsi le poète nous convie à *voir* une présence du silence dans les icônes verbales des lointains et de la pensée cachée, icônes nées de l'intériorisation d'une « grande montagne inconnue, lointaine, mamelonnée » : « ce qui par-

38. Cf. P. Ricœur, *La métaphore vive, op. cit.*.
39. Cf. « Rivage » de J.P. Le Dantec, in *Vagabondages* n° 27/1981.
40. *Cahiers Henri Bosco*, n° 16/1978, p. 27 (c'est nous qui soulignons).

dessus tout m'attirait », nous confie le héros-narrateur de *L'habitant de Sivergues*.

« L'ultra-silence (...) il est indéfinissable. Tel un *lointain*, un lointain intangible — irréel, mais vrai cependant...[41] »

Des paysages réels fondus en une masse figée sur la ligne d'horizon, constituent le texte de base, la « planche » de l'icône des lointains. Ligne de forêts, de collines ou de mamelons énormes, lourde accumulation de nuages ou de neige constituant les composantes récurrentes des descriptions de l'horizon dans les trois récits, tout ce réel, tout ce « Lubéron » épaissit le lointain, et l'élève en une surface de partage inerte. Sur ce monde d'immobilité aux limites du ciel, sur ce texte mis en place, des mots comme de très légers coups de pinceau, vont dessiner. Ils diront des mouvements de lignes et de couleurs à peine marqués : jeux d'esquisses et de nuances qui introduisent l'intangible, qui annoncent le « lever tragique du silence[42] » ; un lever qui ne dépend pas automatiquement dans le récit, de la description de quelque aurore ou de quelque crépuscule, mais qui se trouve lié étroitement à la transcription d'un moment d'exception : le moment où s'éprouve la sensation du Mystérieux quand le réel va toucher l'inconnu[43], quand le regard se porte un peu trop loin, quand se dévoile un « désert » qui s'enfonce dans l'être. L'icône des lointains qui est essentiellement cette annonce du « lever tragique du silence », prend naissance dans une sorte de spiritualisation du paysage de l'horizon, opérée par des mots dont nous allons suivre les tracés qu'on aimerait qualifier de « magiques ».

Les mots du poète *nuancent* et *bleuissent* la ligne dure et compacte des sommets, des forêts et des collines[44]. Ils

41. *Cahiers Henri Bosco*, n° 24/1984, extrait du « Diaire » 5-13 sept. 1958.

42. *Une Ombre*, Gallimard, 1978, p. 183.

43. C'est ainsi que Victor Segalen définissait la sensation du Mystérieux (*Essai sur le mystérieux*, *Imaginaires*, Rougerie, 1981).

44. *Syl*, p. 49 ; *H*, p. 16-25-62.

font *fumer* de neige l'horizon[45]. Ils glissent un *rayonnement impalpable*, une *clarté pâle*, une *vapeur d'or*[46]. Ils gomment le relief au moyen de *brumes*, libèrent une transparence, dessinent un mirage. Ils font flotter des *bancs de vapeurs* comme autant de solitudes qui n'en finissent pas de se succéder[47]. La surface de partage inerte et ténébreuse qui s'élevait à l'horizon, se dissout pour laisser la place à des contours fragiles, à des figures de mouvements à peine perceptibles, à des traces légères de luminosité, à des dégradés de bleu.

Le rapport entre l'écriture d'une musique du silence et la composition d'une icône verbale, va s'avérer très étroit dans le texte boscien. L'icône des lointains s'offre comme la partition d'un chant inaudible. Les mots du poète jouent le rôle de notes de clarté douces, graves et pures, mises en place sur des ondes de solitudes pour former ce chant que le héros-narrateur de *Malicroix* ressentait comme une présence du vrai silence :

> « (...) le vrai silence (...) le frémissement de l'éther sur les cordes graves et lointaines du monde[48]. »

Le chant inaudible, présence du silence, se laisse pressentir dans le trouble que diffuse le texte des lointains. En effet, l'icône verbale des lointains s'affirme comme la représentation d'un « frémissement », d'une « vibration » de clartés, d'ondes, de solitudes indéfiniment répétées. Les mots constituent la partition d'un murmure continuel d'espaces — ce murmure qui, dans la rêverie du héros-narrateur de *Un rameau de la nuit*, s'iconise en une « mince frange d'écume (glissant) sur le sable immense des mers où expire monotonement une eau assoupie[49] ». N'est-ce pas le « rivage du silence » qu'offre ce tableau d'un murmure peint par les forces de l'imaginaire ? ce tableau, ou mieux cette icône

45. *Ibid.* p. 30.
46. *Ibid.* p. 31-35 ; *H*, p. 225 ; *Malicroix*, p. 207.
47. *H*, p. 205.
48. *Malicroix*, p. 190.
49. *Un rameau de la nuit*, p. 399.

verbale dont les mots, le rythme, la sonorité même tracent l'écho du mot « silence » sur des ondes de solitudes.

« A travers tant de solitudes, tant de lointains, j'imagine de longues étendues sonores[50]. »

Représentant un « désert » sonore, l'icône des lointains offre ses mirages qui mettent en spectacle l'imminence d'un « lever tragique du silence », en en dressant le décor. Ce sera une « ville élastique » étendant ses masses colorées au-dessus de la terre, au ras du ciel[51] ; ce seront des constructions délicates et merveilleuses d'un monde imaginaire qui pourraient être une écriture du double intérieur des lointains, comme si ces horizons libérés de leur apparence, mettaient à nu leur silence. Ce seront parfois des formes plus prononcées mais non moins fantomales, comme celle du caïque se tenant entre ciel et mer, « suspendu dans les lointains[52] ».

Ces édifices vertigineux, vaporeux, immatériels, sont autant de silences imaginés, construits à partir d'une sensation angoissante d'infini suscitée chez le poète, par quelques paysages lointains, par des « Lubérons » rendus irréels par les jeux de la brume, de la pluie, des nuages ou de la neige. Toutes ces formes éphémères, ces mirages qui se perdent dans la transparence d'un au-delà de l'horizon, « s'imaginent » dans la rêverie poétique, et renforcent l'iconicité du discours descriptif des lointains devenu l'espace de l'écriture d'un rêve de silence. A défaut de pouvoir saisir l'« ultra-silence », l'icône verbale des lointains donne forme à des appels vers ce silence ; elle fixe tout à la fois un désir et une interrogation du silence *pur*.

Si le rayonnement du Lubéron, dans la rêverie boscienne, émane de la fascination opérée par la silhouette de la grande montagne au ras du ciel ; s'il émane du vertige créé par ces courbes bleuâtres et « leur façon de fuir vers l'horizon et de s'y perdre », il procède également de

50. *Une Ombre*, p. 200.
51. *H*, p. 15.
52. *Le récif*, Gallimard, 1971, p. 160.

l'expression de physionomie du Lubéron ressentie par le poète comme « humaine », et de l'étrange tête-à-tête intériorisé qu'il entretient avec cette créature[53] : « parfois », écrit-il, « tu prenais le pli d'une pensée humaine[54] ». Le Lubéron « retentit », et la tension même de son image ouvre à la force de ce qui apparaît : un masque démesuré, le visage d'une pensée cachée.

Objet d'une quête obsédante dans l'ensemble de l'œuvre boscienne, la pensée cachée pourrait s'identifier au principe du silence, ou encore à ce que le poète nomme « l'ultra-silence ». D'ailleurs Bachelard n'affirme-t-il pas que « le principe du silence en poésie est une pensée cachée, une pensée secrète[55] » ? La poursuite de l'« ultra-silence » qui mettait en représentation l'icône des lointains, va revêtir avec le « retentissement » du visage du Lubéron, le caractère d'une interrogation pressante du secret même des lointains qu'enveloppe ce visage.

Ce qui fascine le héros-narrateur de *L'habitant de Sivergues* à son arrivée à Gerbaud, c'est une image grandiose de la Méditation qu'offre le Lubéron, cette·« paroi verticale » qui invite à porter le regard au-delà de son apparence, vers un dessein caché :

> « ce qui frappait (...) c'était l'aspect de figure fermée, le visage presque moral, je ne sais quelle ressemblance avec un front barré de pierre[56]. »

> « Ton secret restait contenu ; je ne le voyais point ; je le pressentais[57]. »

Le visage du Lubéron se dessine dans la rêverie du poète, en visages humains donnant forme à une pensée cachée. C'est ainsi que va se façonner à travers les récits, une icône de la pensée cachée. A défaut de pouvoir déchiffrer en clair cette pensée, le poète se donne l'illusion de l'enclore dans ses mots, par l'icône verbale du visage qu'il construit. Il

---

53. « Pour moi le Lubéron est une créature », *Cahiers Henri Bosco*, n° 16, p. 26.
54. « Lubéron », *op. cit.* p. 11.
55. G. Bachelard, *L'air et les songes*, Corti, 1943, p. 285.
56. *HS, p. 169.*

se voit l'envelopper, la posséder en s'instituant gardien de son mystère. C'est tout le sens même de certains portraits qui sont ressentis profondément « autres » : ils ont en effet, dans l'espace du récit, une valeur d'icône.

Les trois récits sur lesquels a porté plus particulièrement notre étude, offrent un type de portrait — mais peut-on vraiment parler de portrait ? — qui saisit par le caractère dense, concis et comme « gravé » du discours descriptif qui le dessine. On est mis en présence d'une sorte d'encadrement sombre — découpe sur une surface murale, encoignure ou véritable cadre — à l'intérieur duquel se détache un visage frappé d'immobilité, qui se résume dans un regard étrange et dans un contour fragile mais défini ; un visage qui reflète le silence d'un événement, et qui s'apparente à cet autre visage intensément iconisé dans le récit *Un rameau de la nuit* :

> « Un regard venait à moi, du coin le plus sombre de la pièce (...) Deux yeux immobiles y étaient ouverts (...) de grands yeux assez froids mais attentifs (...) un seul regard inflexiblement attaché à une pensée solitaire[58]. »

La peinture d'un regard qui subjugue le regard de l'autre posé sur lui, qui semble reconnaître et désigner un point au-delà d'une limite, et dont la fixité intense engendre paradoxalement un puissant élan vers une chose invisible, ne ferait-elle pas penser à certains personnages d'icônes byzantines ? Or, cette peinture va constituer l'élément essentiel de portraits que nous qualifierons de portraits-icônes : celui de Sylvius, de Hyacinthe, du vieillard Cyprien et du petit berber, Béranger.

Le portrait de Sylvius « peint avec art » précise le narrateur[59], présente le regard « singulier », « hallucinant », de deux yeux clairs. Dans deux yeux pâles, « un peu effrayants », se récapitule la très vieille figure de Cyprien[60].

57. « Lubéron », *op. cit.* p. 11.
58. *Un rameau de la nuit*, p. 261.
59. *Syl*, p. 21.
60. *H*, p. 71 ; *L'âne Culotte*, p. 47.

Étrangement clairs et calmes sont les yeux de Béranger[61]. Les yeux pâles de Hyacinthe tantôt dissimulent la « germination d'une arrière-pensée », tantôt filtrent une clarté « brève », « coupée »[62]. Ces regards terriblement immobiles, froids mais en même temps intensément attentifs et passionnés, sont plutôt des tracés d'impressions, des formes qui expriment ce qui n'a pas de forme. En fait, ces regards dessinent l'enveloppe d'une pensée mystérieuse, ineffable. Ils peignent la présence d'un « ultra-silence ».

> « (...) autour de ces yeux inexorables peu à peu émanait de l'ombre comme un contour fragile. Il traçait non point le visage mais les limites mystérieuses de cette présence dont témoignaient le regard immobile et les yeux clairs[63]. »

Le visage qui circonscrit un tel regard, se saisit en terme de limites. Il semble réduit à une sorte de masque que quelques traits d'ombre et de lumière fixent, à une figure suggérée qui s'adapte aux yeux pâles et fascinants. Parfois le trait est plus accentué pour souligner l'allongement d'un contour, la forme accusée d'une bouche ou l'aspect buriné d'une vieille figure[64] ; mais le masque n'en demeure pas moins, à l'instar de la tête voilée dans le récit *L'épervier*, indéchiffrable, étrange et hors du temps[65] ; il est essentiellement *clos*.

Le portrait-icône qui doit être rencontré comme l'image d'un mystère, ne se livre pas. Il semble tenir en suspens une interrogation sur lui-même pour celui qui le regarde : que donne-t-il à *voir* ? Une méditation de l'accomplissement ? Quelques reflets d'une chose inviolable ? Il est certain que le masque de figure fermée et le regard d'un secret contenu retiennent dans leur tracé quelque chose d'une illumination spirituelle. On serait même tenté de penser que le visage du Lubéron s'est « imaginé » au sein de la rêverie

61. *HS*, p. 209.
62. *H*, p. 118-170-178.
63. *Un rameau de la nuit*, p. 261.
64. *Syl*, p. 21 ; *H*, p. 163 ; *HS*, p. 209.
65. *L'épervier*, Gallimard, 1963, p. 175-191.

du poète, sous les traits du Boddhisattva que nous décrit
le héros-narrateur de *L'Antiquaire* :

> « Une tête (...) on ne la distinguait que vaguement (...) la
> lampe n'en touchait que le front, l'arête du nez, le bout
> des lèvres, le menton volontaire et suave (...). Mais la pau-
> pière mi-close sur l'œil, prenait un peu de clarté (...) une
> émanation, l'effusion d'une autre lumière, plus que la pré-
> sence de l'être, et plus que l'âme, même plus que l'âme
> l'aube, l'aube inimaginable, au-delà de tout...[66] »

Cette description pourrait en effet servir de légende au
portrait-icône tel que nous venons de l'appréhender dans
son regard et son contour, en tant que forme d'une pensée
cachée insaisissable, forme d'une « aube inimaginable ». Et
cette « aube au-delà de tout » ne désigne-t-elle pas la présence de l'« ultra-silence » ?

Parce qu'ils reflètent une contemplation intérieure
intense, les mots de l'icône verbale, que ce soit ceux des
lointains ou ceux des visages, peignent un regard concen-
tré sur une chose intouchable, et permettent que le voile
d'un visage « autre » glisse légèrement...[67] Aussi n'y aurait-il
rien d'étonnant de voir apparaître en filigrane quelque tracé
qui ne serait pas sans rapport avec les dessins de *L'inconnu
sur la terre* auxquels se seraient ajoutées des « brumes »
colorées.

Un jour, parcourant un livre d'art sur *Le Lubéron*[68],
notre regard fut soudain arrêté et captivé par une photo,
véritable tableau, sous laquelle on aurait pu s'attendre à
voir s'inscrire une réflexion d'Henri Bosco essayant de dire
le silence en soi :

> « Le silence que nul heurt n'atteint, que rien ne brise, qui
> se tient cependant quelque part dans le monde, et auquel
> nul silence ne ressemble (...)
> Il est indéfinissable. Tel un lointain...[69] »

66. *L'Antiquaire*, p. 61.
67. *Ibid.* p. 292.
68. Ce livre se trouve au *Fonds de documentation Henri Bosco*, à
l'Université de Nice.
69. « Diaire », *op. cit.*

Des nappes nuageuses et montagneuses confondaient leurs moutonnements à perte de vue, dans des dégradés de noir et de bleu. Ces couches fantomales donnaient l'impression étrange d'un puissant élan contenu, d'un poids de silence énergétique immobilisé. Dans la partie centrale, les nappes bleuâtres s'entrouvraient à peine, laissant apparaître une frange blanche allongée, légèrement lumineuse. L'icône boscienne du silence était vraiment là, sous nos yeux : la « puissante arrière-pensée » du Lubéron se dévoilait. Les mots du poète qui avaient façonné des icônes verbales des lointains et des visages de la pensée cachée, dans sa quête d'un « ultra-silence », ces mots avaient pris corps dans un songe du Lubéron dont les ondes livraient passage à la « corde » claire du chant inaudible, dont le masque étrangement nuancé d'ombre laissait filtrer l'« aube inimaginable » d'un « ultra-silence ».

Dessins de Le Clézio, italiques de Gracq, icônes verbales de Bosco, toute cette iconographie nous a conduit sur un seuil. Elle a réaccordé l'écriture du récit, version du silence, au Silence ; car elle *montre* au-delà du texte qui a travaillé, un « texte réservé » à ce qui ne s'exprime pas... ou pas encore. Elle interroge sur ce que devrait être la véritable destination de l'écriture.

X

SILENCE ET DÉPASSEMENT

Les thèmes et les structures des récits, versions du silence, ont en fait, mis en représentations une *attention* intense au Silence intraduisible. Ils ont composé, façonné, fixé des silences à partir de silences vécus réanimés et sublimés par l'imagination et la rêverie. Ils ont mis en place une sorte de code afin d'appréhender des tensions, des mouvements vers ce qui serait le Silence en lui-même. Mais en se donnant, en s'inventant un silence immédiat, l'écriture n'a fait que « crier » l'incommunicable ; car un tel silence se trouve marqué de la contradiction même du langage : vouloir être une voie pour s'approcher de l'inapprochable. C'est une *matière* de silence en quête de son double de *lumière* qui existe, dans ces récits, par le jeu des mots et des images.

> « Il y a un silence à double face — mer et rivage — corps et âme[1]. »

« mer et rivage », « corps et âme », ces deux images par lesquelles Edgar Poe cherche à dire une « double vie » du silence, éclairent nous semble-t-il, le fait que dire le silence

---

1. Mallarmé, *Œuvres complètes*, traductions des poèmes d'Edgar Poe, Pléiade, 1945, p. 210.

est inséparable de tendre vers l'ultra-silence. L'écriture du silence contient en elle-même celle d'un dépassement assez ambigu, comme nous le verrons.

Le texte le clézien se construit sur un éclatement des mots[2]. Il semble que le poète veuille faire de ses mots des sortes de tremplins pour s'élancer vers ce qui ne s'exprime pas. Aussi peut-on constater qu'au terme même de « mot » est conféré une extension du sens. « Mot » signifie *la chose* qui tend vers un accomplissement de silence, de ce silence auquel elle est irrémédiablement liée ; c'est le rivage qui tend vers la mer, le corps qui tend vers l'âme. Le poète ne cesse de répéter une volonté d'identification de ses mots aux éléments, à l'origine, au souffle pur :

> « (...) et que partout, *dans* les arbres, *dans* les corps, *dans* l'air, vibrait le seul langage qui ne dit jamais rien d'autre que la vérité, l'eau, la liberté, liberté, liberté, liberté[3]. »

dire, répéter... jusqu'à ce que ses mots ne soient plus qu'un immense écho qui s'approprie, qui « mesure » l'univers matériel, sensible, dans sa totalité ; on ne manquera pas en effet, de remarquer la quadruple répétition du terme « liberté » dans lequel résonne « le seul langage ». Mais tout ceci revient à appeler désespérément le Silence en qui s'accomplirait le *sens* — entendu comme signification et orientation — des mots humains. « Mes mots », nous confie le poète, « n'étaient pas terminés. Il leur manquait ce qui a cessé d'être exprimé : la mesure d'éternité, la mesure d'absolu[4] ».

Ce n'est pas d'éclatement des mots qu'il faudrait parler pour le texte gracquien, mais bien plutôt de resserrement des mots qui gagnent dans la phrase, en « épaisseur », en force, ou si l'on préfère en densité : ils donnent l'impression de s'être « installés » dans l'espace de l'écrit, pour *attendre*... activement. Cette impression vient sans doute, en

2. Cf. chapitre VII, p. 116.
3. *Ts*, p. 35 (c'est nous qui soulignons).
4. *L'extase matérielle*, p. 292.

grande partie, de la forme de la phrase gracquienne dont la structure sinueuse présente de nombreuses incidentes nettement délimitées par des tirets[5]. Il est rare qu'une page du récit ne possède pas au moins une incidente qui joue comme un rebondissement de la phrase, un écho intérieur, un trait plus incisif qui s'enfonce dans le corps du texte. Ceci traduit et met en évidence un mouvement spécifique de l'écriture gracquienne : l'*élan d'attente* — si l'on peut s'exprimer ainsi. L'incidente dans l'amplitude de la phrase, marque un temps : c'est l'ancrage d'un regard un peu plus pénétrant, qui s'arrête, attend... et retient en quelque sorte la coulée des mots ; c'est le temps de « soupçonner » un silence. De ces ancrages nous donnerons deux exemples ; l'un pris dans le récit *La Route*, l'autre dans le récit *La Presqu'île* :

> « Je songe à elles quelquefois — c'est singulier : à certains instants si proches de nous, si fraternelles — avec une espèce de grave tendresse[6]. »

> « J'ai rarement — je n'ai peut-être jamais, même dans l'amour — attendu avec une impatience et une incertitude aussi intenses — le cœur battant, la gorge nouée — quelqu'un qui pourtant ici ne pouvait être pour moi qu'« une femme », — c'est-à-dire une question, une énigme pure[7]. »

Plus que le reflet d'une parenthèse à l'intérieur d'un récit qualifié de parenthèse, les tirets tiennent de la mise en italique en ce qu'ils déterminent et représentent un regard à travers et par-delà l'écrit. Ils témoignent d'ailleurs d'une flexibilité, d'une disponibilité de la phrase pour saisir quelque chose qui demanderait à être mimé plutôt qu'exprimé[8]. On pourrait s'attendre à ce que certains mots figurant à l'intérieur des tirets, soient écrits en italique, des mots dont on ressent plus le silence que le bruit.

---

5. A titre d'exemple nous signalerons que plus des deux-tiers des pages de *La Presqu'île* présentent des incidentes entre tirets. La proportion est à peu près la même pour *La Route* et *Le Roi Cophétua*.

6. *R*, p. 30.

7. *Pr*, p. 238.

8. Cf. *André Breton, op. cit.* p. 181.

Dans un récit tel que *Le Roi Cophétua*, il semble bien que l'écriture soit occupée à *préserver* le silence ; combien significative d'une telle écriture est la moquette qui « recouvre toute la maison et étouffe les pas[9] ». « Préservé » peut également caractériser le silence de *La Route*, ou celui de *La Presqu'île* où ce terme figure d'ailleurs, explicitement[10]. Mais il nous faut entendre « préserver » avec la force de son tout premier sens, à savoir « réserver ». Il s'agit de l'écriture d'un silence mis en réserve, mis en attente, comme le suggèrent certaines images particulièrement frappantes, telles qu'un « silence d'aquarium », un « silence d'étang noir », « une flaque de silence[11] » qui de plus, font signe à un état de stagnation.

Dans l'image d'Edgar Poe d'un silence à double face, ce que retiendrait et privilégierait l'écriture gracquienne serait sans aucun doute, la face *corps* ou *rivage*. Et s'il y a tension vers « la mer », vers « l'âme », ou si l'on préfère vers « l'ultra-silence », elle n'existe que dans le « poids » d'une attente saisie comme un absolu.

Pour l'écriture boscienne, il existe également un silence « à double face » qui est à dire et à représenter ; mais ceci dans le secret espoir de saisir ce « double » comme une totalité. « Corps *et* âme » « mer *et* rivage », c'est sur le *et* que s'acharne, oserait-on dire, l'écriture d'un silence imaginé au-delà de nos silences naturels, ou encore de nos absences de bruit. Entreprise fascinante pour le poète, que de vouloir faire de ce *et*, lien de coordination, un seuil de coïncidence ; entreprise audacieuse que de tenter de convertir par la force des mots, par le retentissement des images, une jointure en une correspondance parfaite. Or, cette entreprise nous a semblé se refléter dans les avatars et les riches fluctuations du paragraphe boscien, qui d'ailleurs mériteraient toute une étude.

Le récit *Hyacinthe* présente des variations du paragraphe assez frappantes que l'on retrouve dans des récits

9. *RC*, p. 219.
10. *Pr*, p. 47.
11. *Ibid.* p. 48-70 ; *RC*, p. 214.

comme *Le récif*, ou *Une ombre*. Tantôt compact, dense et resserré, tantôt ample et aéré, le paragraphe peut soudain se réduire à quelques lignes, parfois même une seule ligne. Ces raccourcis nous mettent en présence d'une sorte de verset auquel pourrait s'appliquer la définition succincte donnée par Claudel : « une idée isolée par du blanc[12] ». Mais le verset boscien fait ressentir avec force une parole confondue à son silence ; il se pose comme un recueillement ; « l'idée » cède le pas à un rythme, une sonorité, un souffle même qui rappellent la cadence, ou mieux la respiration de la prière méditante... si proche du seuil de coïncidence. Commenter ce verset c'est, nous semble-t-il, l'appauvrir ; il faut *expérimenter* son mouvement, sa « charge » poétique, sa tension spirituelle... mais écoutons plutôt :

> « Tout repose. Aucun bruit ne traverse la maison.
> Et cependant elle n'est pas inhabitée. Je le sens, en dépit du silence.
> Tout y est tiède.
> Dehors il neige[13]. »

et ces quelques notes *lues* par le héros-narrateur dans un cahier rouge trouvé :

> « Je n'espère ni ne désespère ; je ne crois ni ne doute.
> Je ne nourris plus qu'un désir ; qu'une idée.
> Mon esprit se refuse aux attraits de la rêverie. A quoi bon s'évader, se divertir ?[14] »

Comment faire exister « en écriture » une correspondance parfaite entre le silence *et* l'ultra-silence ? Question contraignante pour le poète initié au silence qui, soulignait Henri Bosco, « est favorisé de quelques merveilleuses sensations d'un silence fictif *aussi près qu'il se peut* du silence lui-même[15] »... « aussi près » mais auquel il manque ce « simple mot de magie ou d'amour » que cherchait partout

---

12. P. Claudel, *Œuvres en prose*, Pléiade, 1965, p. 3.
13. *H*, p. 143.
14. *H*, p. 148.
15. « Le silence », in *Les Alpes de lumière*, n° 22, nov. 1961, p. 10 (c'est nous qui soulignons).

Hyacinthe[16], le mot qui seul pourrait se substituer au *et*, le convertir en un signe d'identité ; ce qui n'est pas sans relation avec « la mesure d'éternité » qui manquait aux mots de Le Clézio pour qu'ils s'accomplissent totalement. Ce serait alors pénétrer le Mystère, connaître le Nom secret au sens ineffable[17] qui demeure dans le Silence : ce que l'écriture ne peut atteindre. On peut se demander si le secret du texte boscien, version du silence, ne serait pas la présence de cette question contraignante dont la non-réponse se fait sentir comme une réponse, et imprègne l'écriture d'une attitude d'accueil inconditionnée au Mystère.

L'*attention* intense au Silence, et donc l'écriture d'un dépassement, va se révéler dans la mise en valeur d'une rupture avec le temps linéaire. En effet, le temps des récits sur lesquels se fonde notre étude, semble produit par une organisation des silences représentés qui tendent vers l'autre « face » et par là-même échappent au temps linéaire. Chacun des récits, à sa manière, va congédier la durée réaliste, et mettre en place un temps qui lui est propre, c'est-à-dire propre à une aventure de silences racontés.

Le récit le clézien cherche à « dissoudre » le temps. On constate que ses créatures du silence déjouent toute détermination dans une époque spécifique. La ville moderne est certes présente avec sa mécanisation infernale dans *Voyages de l'autre côté*, mais Naja Naja se trouve là pour brouiller les cartes, annuler ce temps de l'actuel en le brisant par des échappées dans le hors-temps : « D'un seul bond, on était à la fois au commencement et à la fin[18] ». Naja Naja possède le pouvoir d'abolir le temps linéaire :

> « Naja Naja sait abolir les jours. Tout ce temps qu'on passe, et qui ne conduit à rien, *cela n'existe pas*[19]. »

16. *H*, p. 128.
17. Cf. Poème d'Henri Bosco sur « le Nom secret », *Guilde du livre*, n° 3, 1964.
> « Ce ne sera qu'un trait enfoui dans les sables ».
18. *V*, p. 16.
19. *Ibid.* p. 73 (c'est nous qui soulignons).

En glissant à travers ce « temps qu'on passe » Naja Naja, créature du silence, démontre qu'il n'est rien ; en le parcourant d'une façon désordonnée, en n'importe quel sens, elle nie que ce temps ait une forme, une direction. Car Naja Naja connaît un temps d'un tout autre ordre : celui du « bond », du jaillissement, de l'*instant* en marge de ce qui s'écoule, de l'*instant* qui ne se mesure pas. Et ici, on aimerait rappeler un passage de *Les Grèves* de Jean Grenier, qui nous semble cerner fort bien le temps propre à Naja Naja :

> « Aussi rapide avait été leur apparition (des instants), aussi durable était leur cours. Il ne s'agissait même pas de durée : ils étaient en marge de ce qui s'écoule. Et leur durée (...) était incommensurable ; ce n'était pas un raccourcissement du temps mais son annulation[20]. »

D'un lever à un coucher de lumière, le petit garçon, dans L'*inconnu sur la terre*, vit une très longue journée. Mais est-ce vraiment une journée cette mosaïque d'instants qui se découpe en un instant démesuré ? Ce sont des « maintenant » qui semblent s'être libérés de la contrainte d'un rapport avec l'avant et l'après, et qui n'appartiennent plus au temps, mais à la lumière des espaces :

> « A *chaque instant*, il faut partir vers le centre, vers l'intérieur, vers le feu (...) d'*un seul bond*, par-dessus les millions d'années[21]. »

On retrouve le temps de Naja Naja, celui du jaillissement. De plus tous ces « maintenant » libérés convergent vers ce qui serait le centre du temps, ce qui pourrait s'appeler le Temps zéro du Silence, l'instant créateur :

> « C'est l'instant où tout peut apparaître, dans la beauté sans fin de la vie magique, de la vie libre[22]. »

La méditation sur les civilisations d'Amérique disparues qu'offre le récit *Trois villes saintes*, tend à révéler dans son écriture un présent qui sumultanéise le passé, le pré-

20. Jean Grenier, *Les grèves*, Gallimard, 1957, p. 433-434.
21. *In*, p. 53 (c'est nous qui soulignons).
22. *Ibid*. p. 317.

sent et l'avenir. Les jours ne se retiennent pas, les nuits ne s'énumèrent pas, les heures ne s'amassent pas[23]. Ce serait le temps du regard sur un futur qui s'identifie au passé ; le regard dans lequel se récapitule le visage du vieil homme fixé au centre du désert, visage du silence qui fait s'estomper jusqu'à les effacer totalement les catégorisations du temps :

> « Le regard fixe qui traverse l'espace et le temps, le regard pareil à l'éclat des astres, s'unit à la belle lumière[24]. »

Et la répétition du terme « aujourd'hui », vers la fin du récit, sonne comme les « maintenant » de L'*inconnu sur la terre* : aujourd'hui n'appartient plus au temps, mais à la « belle lumière ». Pourtant il semble difficile d'affirmer que le sentiment du temps se trouve aboli par l'écriture de ces récits, mais il est dominé, comme l'écrivait Jean Grenier, « par une de ses composantes qui est le stable[25] », une sorte de *temps à l'arrêt* qui se sublime en l'instant du jaillissement, le temps de Naja Naja.

Le récit gracquien ne cherche pas tant à « dissoudre » le temps linéaire , qu'à le dépouiller de son importance, qu'à lui faire « perdre sa coulée unie et réglée[26] », par une écriture passionnée de l'attente qui se recoupe, comme nous l'avons vu, avec celle des silences qui construit la parenthèse[27]. C'est d'ailleurs lorsque cette parenthèse va se refermer que le temps linéaire reprend ses droits ; c'est ainsi que dans les dernières pages de *La Presqu'île*, apparaît disposé comme un titre :
« Dix minutes encore. »
puis à la fin, « je n'ai pas le temps[28] » ; certes littéralement parlant, Simon — reflet du « faiseur » du récit comme nous l'avons souligné à plusieurs reprises — *n'a pas* ou *n'a plus*

23. *Ts*, p. 46.
24. *Ibid.* p. 60.
25. Jean Grenier, *La vie quotidienne*, Gallimard, 1968, p. 111-113.
26. *Pr*, p. 167.
27. Cf. chapitre VII.
28. *Pr*, p. 164-178.

ce temps de l'ordre de l'attente et du rêve sur lequel s'était construit l'itinéraire de l'aventure « vers la mer », puisque la parenthèse s'est refermée sur elle-même, le replongeant dans la durée réaliste sur laquelle il n'a plus de prise.

Le temps du récit gracquien qui est essentiellement celui de l'attente, met en valeur l'*instant* où les temps se mêlent et s'annulent, à l'image de cette journée passée sur « les eaux étroites »

> « (...) une journée en dehors des jours. Le présent et l'imparfait inextricablement, se mêlent dans le défilé des images (...)[29] »

Le « long versant de l'après-midi[30] dont le rapprochement avec la longue journée de L'*inconnu sur la terre* est fort tentant, forme le temps du récit *La Presqu'île*. L'itinéraire des lieux distillant chacun son silence spécifique, se recouvre avec l'itinéraire des instants libérés qui détermine dans le tracé linéaire du temps, la « parenthèse » d'un temps sublimé :

> « — et tout à coup, le soleil stupéfié et morne de midi, (...) *s'éventa pour lui d'une fraîcheur* : devant lui, il sentait s'amorcer le long versant de l'après-midi[31]. »

Dès le début de l'aventure à Braye, le récit réaccorde son temps à celui d'une veillée : le temps d'une soirée qui devrait normalement succéder à la journée finissante, est converti en temps d'une veillée :

> « il me semblait plutôt que c'était — égale et calme comme une petite flamme bougeante au milieu des pièces endormies — la veillée[32]. »

Le temps propre au récit *Le Roi Cophétua*, se trouve magnifiquement dit par cette image. Sur le temps linéaire présent par le tic-tac monotone d'une pendule dans la pièce endormie[33], se branche un autre temps : celui de la petite

29. *Les eaux étroites*, op. cit. p. 72.
30. *Pr*, p. 42.
31. *Ibid.* (c'est nous qui soulignons).
32. *RC*, p. 204.
33. *Ibid.* p. 204-208-237.

flamme bougeante, un temps qui s'appareille à une dérive silencieuse, et qu'il ne faudrait donc pas assimiler à un temps immobilisé. On remarquera non sans intérêt, la récurrence du terme *instant*[34] dans le déroulement du récit dont le temps se monnaye, pourrait-on dire, en émotions profondément dissimulées que, par *instants* décrits, l'écriture fait affleurer. Lorsque le héros-narrateur avouera : « j'avais besoin de gagner du temps[35] », chaque mot de l'expression devra être pris au sérieux : pour que l'aventure/le récit se poursuive il faudrait que le JE gagne des *instants* pour infirmer la durée réaliste qui reprend ses droits, la parenthèse à peine refermée. En effet la dernière page remet « en place », ou plus exactement redonne son importance au temps linéaire, par la mise en valeur d'un ancrage temporel lié au calendrier liturgique, comme une sorte de prolongement réaliste des *instants* d'une aventure à laquelle l'écriture de la parenthèse avait conféré le caractère d'une cérémonie rituelle[36] :

> « Je me rappelai que c'était le *Jour des Morts*. »

Néanmoins, avec la toute dernière phrase du récit, demeure la trace du temps de « la petite flamme bougeante », de cet hors-du-temps de la parenthèse :

> « Je songeai que toute la journée ce serait encore ici dimanche[37]. »

encore un jour chômé, vacant pour la « dérive », pour quelque autre parenthèse...

Les solides ancrages temporels disposés minutieusement sur le parcours de l'aventure, charpentent une durée réaliste bien présente au déroulement du récit boscien. Cependant le lecteur ressent très vite que ces ancrages entrent dans un jeu de contraste : ils contribuent à faire ressortir

---

34. *Ibid.* p. 197-204-208-212-213-229-239.
35. *Ibid.* p. 229.
36. *RC*, p. 221.
37. *Ibid.* p. 251.

le vrai temps du texte boscien qui réside non pas dans les ancrages du temps linéaire, mais dans ses « dérapages ». Le temps propre au récit boscien est fait de moments d'expansion ou d'éclatement du temps, se recoupant très souvent avec des moments d'intense communion avec le silence d'un lieu. Ce sont des moments privilégiés où le héros-narrateur *perd la notion du temps* pour entrer dans un *autre temps* :

> « Il (le temps) s'est détaché de ma vie et j'ai lâché les brides de ma conscience sensible[38]. »

Les bribes de la conscience sensible lâchées, il se construit un présent intemporel, c'est-à-dire la plongée dans une sorte d'*extase* du temps linéaire que Jean Grenier relatait en ces termes :

> « Une heure s'écoula (...) sans qu'on eût l'impression du passé ni du futur — dans un présent qui allait en s'étirant sans jamais se rompre[39]. »

Cette *extase* du temps, l'écriture boscienne la traduit en figures de dépassement : dépassement du lieu et de son silence, dépassement de l'être et de son silence. C'est le temps inhérent à une expérience d'intense interaction entre le rêveur et le silence ; autant dire l'expérience du hors-temps :

> « Je durais. Mais je durais dans une abolition totale : rien ne semblait me limiter[40]. »

Des récits tels que *Sylvius* et *L'habitant de Sivergues* présentent deux temps racontés : celui de l'aventure du JE/narrateur, et celui des évocations rétrospectives que constitue une histoire révélée par le conteur, c'est-à-dire par celui que nous avons nommé le magicien-narrateur[41]. Or, si le discours narratif de ces rétrospections réactualise une histoire passée, il ne le fait que pour mieux mettre en

---

38. *H*, p. 140.
39. Jean Grenier, *La vie quotidienne, op. cit.* p. 113.
40. *H*, p. 30.
41. Cf. chapitre VI.

accentuation l'étrangeté de la temporalité de cette histoire :
le temps du rêve de Sylvius, le temps du secret de Béranger. En fait, l'accentuation porte sur l'engendrement d'un
« autre temps[42] » détaché de toute mesure. Elle atteint un
sommet lorsque dans les dernières pages du récit, la mort
du conteur vient consacrer l'abolition du temps raconté[43],
ou plus exactement sa fixation en un présent intemporel.
Dans cet *instant de silence* immobilisé, nettement mis en
relief par la structure narrative — un raccourci saisissant
pour la mort du conteur Barnabé, un tableau fantastique
pour la mort du conteur Béranger — dans cet instant éternisé, se confondent et s'annulent les temps racontés du
récit.

Que ce soit dans la tension vers un ultra-silence, ou dans
les ruptures du temps linéaire privilégiant l'*instant* cette
extase du temps, l'écriture du dépassement se montre fortement sensibilisée à ce que Edgar Poe cernait comme l'âme
du grand Silence, et qu'il qualifiait d'« ombre » du Silence :

> « (...) si quelque urgent destin (lot intempestif) t'amène à
> rencontrer son ombre (elle innommée, qui, elle, hante les
> régions isolées que n'a foulées nul pied d'homme), recom-
> mande ton âme à Dieu[44]. »

L'homme n'est pas en mesure de connaître le domaine —
si tant est qu'on puisse parler en termes de lieu — de cette
« ombre » qui le menace ; la rencontrer serait pour lui, une
entrée dans la mort. Or, il est frappant de constater que
les récits que nous avons pu qualifier de versions du silence,
offrent, entr'autres images du silence, celle d'un silence
inhumain — en ce sens qu'il n'a rien de commun avec

42. « Il (Sylvius) voyageait déjà sur une autre terre, dans un autre
temps » (*Syl*, p. 35).
43. On remarquera que la mort du conteur entraîne une disparition
du JE/narrateur : dans *Sylvius*, Méjean part pour un long voyage ; dans
L'habitant de Sivergues, le héros-narrateur s'évanouit. Ce sont donc les
deux temps racontés qui s'abolissent.
44. Edgar Poe, « Silence » traduit par Mallarmé, *op. cit.* p. 211.

l'humain — qui rappelle étrangement l'« ombre » du Silence d'Edgar Poe.

Comment mieux définir le silence inhumain qui règne dans un « pays pour personne[45] », si ce n'est pas l'*ombre innommée* qui « hante les régions isolées que n'a foulées nul pied d'homme », quand il s'agit d'un récit de Le Clézio ? Par-delà le silence du désert, il y a dans *Trois villes saintes*, un grand silence suggéré par des images où s'appréhende un « froid de l'espace[46] » dont le froid des nuits désertiques ne seraient qu'un prolongement. Le texte concrétise l'envergure de ce froid dans des expressions qui sembleraient saisir l'avancée d'une *ombre* gigantesque qui « remonte des gouffres », « se répand », « recouvre », « prend les choses une à une[47] » et les efface.

Voyages de l'autre côté, L'inconnu sur la terre, témoignent également de l'empire d'un silence inhumain dans des images où s'établit une relation étroite entre le silence et le froid. La masse obscure, image du très grand silence qui préside à la naissance de Naja Naja, n'est autre qu'un « soleil froid » qui « brûle au fond de l'eau[48] » et répand un rayonnement brouillé, une « ombre ». Le petit garçon inconnu a le pouvoir d'atteindre à ce silence inhumain : il fouille du regard « l'ombre grise qui descend », la traverse — pour entrer en communication avec « le ciel glacé, intense », là où commence le silence[49].

Une reécriture de l'« ombre » du Silence en images d'un silence inhumain, sera également présente dans le récit gracquien comme l'écho du silence de « haute lande » des *Hautes terres du Sertalejo* :

> « (...) il se faisait ce plus profond silence que le ciel de nuit connaît après le passage d'une comète.
> (...) Dans ces nuits où le froid prenait possession de la terre comme un nouveau règne[50]. »

45. *V*, p. 308.
46. *Ts*, p. 41.
47. *Ibid.*
48. *V*, p. 17.
49. *In*, p. 292-293-294.
50. J. Gracq, *Liberté Grande*, Corti, 1947, p. 104-105.

La relation entre le grand silence et le « froid de l'espace » décelée dans les récits le cléziens, marque le silence de « haute lande » qui s'infiltre à plusieurs reprises dans l'itinéraire de *La Presqu'île* :

> « Dès qu'il était libre de voitures, le fleuve paraissait aussitôt se figer, et le silence prenait une qualité un peu *fantomatique*[51]. »

Cette qualification de « fantomatique » n'est-elle pas le signal d'une présence de l'« ombre » du Silence, au moment même où Simon prend la route ? Et dans la partie crépusculaire de sa route de retour, le héros ressentira l'alliance du froid et du silence comme une soudaine incursion de la mort, comme le déchirement du mystère qu'opère un silence « possédé » par le froid de l'espace, un silence inhumain dont le caractère d'« ombre » du Silence se trouve renforcé :

> « (...) une promesse glacée, un état final, dernier, qui une seconde laissait tomber le masque[52]. »

Le paysage se déshumanise, s'éloigne dans une irréalité fascinante :

> « Il semblait pris dans une gelée transparente et froide[53]. »

Un dur silence de « haute lande » pénètre la villa de La Fougeraie, lieu du récit *Le Roi Cophétua*. Il prend possession de la demeure jusque dans ses moindres objets. Comme sur un glacis se dérobant à toute prise, le doigt et l'œil *glissent* sur ces objets en même temps qu'une « image froide et glaciale » s'incruste dans l'esprit du héros-narrateur[54]. C'est véritablement une « ombre » froide que le texte descriptif met en valeur au fur et à mesure qu'il explore la demeure, alliant les images d'une obscurité grandissante à celles d'un désert glacé[55] ; installant en quelque sorte, le

---

51. *Pr*, p. 44 (c'est nous qui soulignons).
52. *Ibid.* p. 138.
53. *Ibid.* p. 156.
54. *RC*, p. 199-200.
55. *Ibid.* p. 199-202-207-208-219.

silence de la « lande perdue » gravée par Goya, dont le souvenir s'impose à l'esprit du héros-narrateur, drainant avec lui l'effroi et la fascination. Comme dans le texte de *La Presqu'île*, l'adjectif *fantomatique* apparaît, venant qualifier le silence qui enveloppe le lieu, et confirmer son caractère d'« ombre » du Silence.

Le silence inhumain qui se signale dans le récit boscien, prend un caractère sensiblement différent de celui traduit par le texte le clézien ou gracquien qui s'oriente vers la mort et l'Indifférencié ; où le Silence tendrait à s'identifier à l'Indifférence.

L'image du silence inhumain que construit le texte d'Henri Bosco, ne peut être considérée comme une représentation de l'âme du Silence, elle doit d'ailleurs être dissociée de toute orientation vers l'ultra-silence tel que l'entend le poète[56]. Si cette image fait signe à un silence qui n'a rien de commun avec l'humain, elle traduit également et surtout une « chose » innommable et nettement maléfique. Aussi ne faudrait-il pas voir dans l'écriture boscienne d'un silence inhumain, uniquement l'expression de l'« ombre » du Silence qui implique la mort, mais aussi, et peut-être même en priorité, celle de l'« ombre » du Mal. Remarquons qu'une telle interprétation ne va pas à l'encontre de ce qu'exprime le poème « Silence » d'Edgar Poe, qui laisse peser une certaine ambiguïté sur le sens de cette « ombre », ne serait-ce que dans l'exhortation : « recommande ton âme à Dieu », impliquant la présence d'un danger derrière lequel se profile le signe de la Mort et/ou du Mal.

Au froid que l'on retrouve comme élément important de l'image boscienne d'un silence inhumain, tantôt s'adjoint, tantôt se substitue une chaleur magnétique venant accentuer le sens du maléfice et de l'ensorcellement. Il suffit de se reporter au texte sur *Les étangs* (dans *Hyacinthe*) pour découvrir les pouvoirs d'une écriture qui suggère l'« ombre » du Mal, en cernant le charme et le malaise diffusés par un silence inhumain « amères délices qui transfigurent[57] » :

56. Cf. *Diaire*, 5-13 sept. 1958, *op. cit.*
57. *H*, p. 37.

« J'essayais de comprendre ce silence. Je n'en avais jamais affronté de pareil. Il semblait avoir emprunté de l'humide chaleur de ces lieux clos un poids et une immobilité insolites. Pour la première fois de ma vie, je me trouvais en présence, non d'un monde qui s'était tū, mais d'un monde qui n'avait jamais cessé de se taire[58]. »

Lorsque le froid entre comme composante de l'image d'un silence inhumain, c'est dans les termes d'une violence sourde et insidieuse du froid, tel celui du silence de la lande : « froid du vide et de l'absence[59] » ; tel celui du « plateau livide[60] ». Quant à la montagne du Lubéron, certaines de ses « poussées de roc » les plus étranges — « grands mouvements de la terre sauvage » — [61]matérialisent un silence inhumain dont la violence devient tangible :

« Je la trouvais plus étrange (...) Peut-être, dans un repli de terrain, allais-je rencontrer ce village qu'elle avait dévoré, homme par homme, maison par maison[62]. »

L'écriture du silence inhumain, parce qu'elle est essentiellement dans ces textes, écriture de l'« ombre » du Silence, porte en elle la relation à une « lumière » qui va s'exprimer dans un effet de contraste venant doubler l'image de ce silence. Le silence du « froid de l'espace » qui règne sur un « pays pour personne », se double du « grand calme » — « silence magique qui rend tout si beau, si durable[63]. » Le silence — « ombre » du Mal, se double d'une « paix immatérielle[64] ». Enfin, le silence de « haute lande » se reflète pour le héros gracquien, dans une gravure de Goya, mais aussi dans les tableaux des intimistes hollandais[65] ; et l'on ne peut manquer ici, d'évoquer la description qu'en fait Paul Claudel, une description qui, nous

58. *Ibid.* p. 68.
59. *Syl*, p. 32.
60. *H,* p. 60.
61. *HS*, p. 186.
62. *Ibid.* p. 192.
63. *V,* p. 103 ; *Ts*, p. 82 ; *In*, p. 314.
64. *H,* p. 145 (il s'agit du silence à l'intérieur de La Geneste, contrastant avec celui inhumain du Plateau et des étangs).
65. *RC*, p. 219.

semble-t-il, pourrait correspondre à l'image qui vient doubler celle d'un silence inhumain dans les récits que nous
étudions :

> « Il délie les êtres du moment, et, lavés dans l'essentiel, il
> les congèle sous le glacis, du seul fait de ce regard qui les
> envisage ensemble, en un rapport qui suspend leur droit
> à la disparition[66]. »

---

66. Paul Claudel, « La peinture hollandaise », *Œuvres en prose*, La
Pléiade, 1965, p. 189.

CONCLUSION

« *Tout ce que l'on dit ou écrit, tout ce
que l'on sait, c'est pour cela, pour cela
vraiment :* le silence[1]. »

Ces récits de Le Clézio, Gracq, Bosco, ont été autant de « sentiers » creusés, autant de cheminements tentés, risqués, vers le Silence qui demeure inconnaissable. Ils ont ensemble, formé, façonné un passionnant récit de substitutions, un récit de silences qui, à bien des égards, a pris la dimension d'une destinée de l'écriture, de ce « chemin du silence » sur lequel le poète essaie de marcher.

A partir d'un paysage de base offrant les mêmes éléments de composition, à partir de motifs structuraux et thématiques semblables, chacune des trois écritures a accompli sa propre version du silence, ce qui revient à dire qu'elle s'est imaginé et construit une interprétation du Silence. Or il s'est avéré que ces interprétations se sont le plus souvent correspondues, complétées et même parfois totalement reflétées. Nous voudrions reprendre ici, quelques points

1. *L'extase matérielle*, p. 268.

marquants de ce « compagnonnage » de trois écritures poétiques du silence, de ces interprétations tendant à une complémentarité, et en définitive, traçant un unique Chemin du silence.

La représentation d'un « désert » répondant chez Le Clézio, à une hantise des espaces nus et de la lumière primordiale, dérive chez Gracq dans des images de l'abandon, de l'aridité, du « perdu » qui marquent un paysage pénétrant les choses et les êtres. Ces deux modes de représentation de « l'ordre vide du désert où tout est possible » se reflètent dans l'écriture d'Henri Bosco, pour s'accomplir en se sublimant dans l'image du franchissement du désert qui se fait « illumination ».

Si la « marche à contre-courant » marque chez Le Clézio, un retour à l'Indifférencié, elle esquisse chez Gracq, une sorte de regard en arrière vers une promesse « ensevelie », vers un « enchantement perdu ». Chez Bosco ces deux « marches » fusionnent pour signifier la Présence à qui l'écriture doit faire retour.

Le « centre » construit par l'écriture le clézienne, représente et exalte l'évidence de l'ICI :

> « cet *au-delà* qu'il (l'homme) avait tant souhaité, il le savait depuis le premier jour, c'était *ici*[2]. »

ICI, point d'application d'une extase matérielle. Par contre les « centres » qui se dressent dans l'espace gracquien s'instituent en hauts-lieux de tension vers LÀ-BAS, le lieu de l'Absence :

> « J'embrasse d'un coup d'œil le paysage que je suis venu chercher au bout de ces chemins perdus, sur la seule foi d'un nom magique[3]. »

Mais c'est dans le « Temple » boscien que se célèbrent indistinctement l'ICI et le LÀ-BAS :

> « Nos mains officieront pour le dieu du Silence
> Et nous regarderons vers le Soleil secret[4]. »

2. *L'extase matérielle*, p. 284.
3. *Les eaux étroites*, op. cit. p. 62-63.
4. *Le roseau et la source*, « Itinéraire pour la nuit », Gallimard, 1949, p. 265.

L'écriture de la ligne d'horizon dans le récit de Le Clézio, n'est pas tant une mise en représentation de l'extrême limite, que la signification du dynamisme d'un mouvement irrésistible de dépassement, d'un élargissement incessant de l'ICI. En revanche, c'est à un élan contenu que fait signe l'image de la lisière dans le récit gracquien : un « rivage » d'où l'on guette le grand horizon non pour le pénétrer, mais pour l'affronter. Le désir de dépasser ou d'affronter se convertit, dans le récit boscien, en un désir d'effacer la séparation : l'image de l'horizon cherche à rendre compte d'une abolition de la limite qui laisserait « venir » l'autre côté mystérieux.

Cette schématisation des résultats de notre interrogation portant sur les grands axes thématiques qui se sont révélés dans les mises en récit du silence, met en valeur la richesse de l'échange qui s'établit et « joue » entre ces trois écritures du silence. Des orientations apparemment contraires entre les interprétations le clézienne et gracquienne s'éclairent mutuellement, se découvrent complémentaires pour dire le pressentiment d'une totalité du silence, l'ICI est essentiel au LÀ-BAS, le « rivage » à l'« Horizon Lointain », et réciproquement... Or, c'est précisément dans l'écriture boscienne que ces contraires entrent en résonance et s'accomplissent dans l'appréhension d'un silence quasiment charnel qui pressent l'immédiateté d'une présence du Mystère — du Silence.

Cet échange jouant entre les trois écritures au niveau thématique, se reflète au niveau des structures particulières d'un texte qui « résiste » et qui « iconise ». Les stratégies de l'écriture d'une reconquête du silence innervant le texte le clézien, se précisent dans le texte gracquien, par des formes d'expressions suggestives comme l'est par exemple, l'intertextualité picturale dans *Le Roi Cophétua*. Ces mêmes stratégies atteignent un sommet d'efficacité, pourrait-on dire, dans la structuration d'une « pensée cachée » consacrant la fuite, ou mieux les échappées du sens vers une « autre chose », dans le texte boscien. Les interdits des textes le clézien et gracquien se réalisent pleine-

ment dans les blancs narratifs qui imprègnent le texte boscien d'une adhésion à l'Interdit. Ce sont des « déserts »
ménagés dans l'espace narratif, qui tendent à former le seuil
du Sens en lui-même : le centre jamais atteint de l'écriture.

C'est ce même seuil que viendront redire avec insistance, les compositions iconographiques faisant saillie dans
ces récits. Aussi différente que soit leur facture — dessins,
italiques ou icônes verbales — elles figurent toutes le « doigt
pointé » vers un texte réservé qui échappe irrémédiablement à nos possibilités de déchiffrage, mais qui *est*. Elles
constituent une sorte de monstration du silence.

Ces récits, versions du silence, ont ensemble construit
un long chemin d'écriture traduisant la hantise d'un con-
cept impossible à décrire : l'Éternité. Le texte de Le Clézio ne cesse de souligner l'existence d'un rapport d'inclusion entre le réel dur, nu, matériel, et le silence :

> « Tout est pénétré de ce vide plus plein qui est penché et
> qui entoure[5]. »

L'écrit en lui-même porte son « éclatement » et son retour
au grand silence matériel qui enveloppe tout, à cet « infini
véridique[6] » qui porte le réel. « Ces lignes », écrit Le Clézio, « avaient accompli du commencement à la fin l'œuvre
du silence. Ces livres tout chargés de puissance humaine,
de vie, d'amour, ces livres étaient des *livres en blanc*[7]. »

Le texte de Gracq se profile sur ce long chemin d'une
écriture obsédée de silence — d'Éternité —, comme une
halte. L'écrit, à l'image de l'oreille contre un « profond
coquillage en rumeur », capte un appel qui serait comme
celui « d'un cloître au mur défoncé vers le large[8] ». Or
l'image d'un lieu de silence — le cloître — ouvert sur LÀ-
BAS — le large — ne serait-elle pas la concrétisation fort
suggestive et typiquement gracquienne de l'« infini véridique » le clézien ? A cette *halte*, l'écriture s'attarde à expé-

5. *L'extase matérielle*, p. 27.
6. *Ibid.*
7. *Ibid.* p. 279.
8. *Lettrines I*, Corti, 1975, p. 226.

rimenter, à intérioriser le silence, et peut-être d'une certaine façon à l'apprivoiser.

Avec le texte de Bosco, le long chemin d'une écriture obsédée de silence — d'Éternité — semble répondre à une puissance d'appel irrésistible. Il prend l'élan assuré de ces chemins privilégiés du poète, « pour aller justement où personne ne va jamais et qui est quelquefois lieu caché de merveilles...[9] ». L'écriture, à l'instar de ces chemins, « s'élance » pour découvrir, franchir et réunir. Les pouvoirs de l'écrit semblent mis en œuvre pour déchirer « l'infini véridique » et laisser entrevoir un visage, quelqu'un... cette « déchirure » pourrait être la signification profonde de l'image des Rois (en rapport avec la fête des Rois qui suit Noël), une image intimement liée à celle du silence révélateur, et si souvent rencontrée à travers l'œuvre d'Henri Bosco. Ainsi, elle apparaît lorsque va se refermer le récit *Sylvius*[10], lorsque le conteur Barnabé entre dans le silence... et dans la mort : « Les Rois approchent », peut-on lire... et entendre comme un écho de la fin, ou plutôt de l'accomplissement de cet autre récit, *Le récif* : « Les Rois sont arrivés à l'horizon[11]. » Or, cette annonce des Rois ne vient-elle pas personnaliser, et même d'une certaine manière sacraliser celle sur laquelle se referme le récit de Le Clézio, *Trois villes saintes*, lorsqu'à l'horizon de la terre désolée « Quelqu'un vient sur le chemin de l'est. Quelqu'un avance lentement, en soulevant un nuage sous ses pas[12]. » Ce rapprochement nous semble significatif du chemin d'écriture du silence sillonnant de Le Clézio à Bosco.

Les mirages aux confins des ondes de solitude conduisent, en passant par la *halte* d'écoute gracquienne, à l'apparition des Rois, de ceux qui ont vu l'astre déchirant le nuage, qui ont accueilli le mystère et qui ont gardé le silence. Les clartés pâles et incertaines conduisent au rayonnement

---

9. *Un rameau de la nuit, op. cit.* p. 10.
10. Remarquons que le récit du héros-narrateur s'ouvre également sur une mention des Rois : « C'était l'avant-veille des Rois » (p. 21).
11. *Le Récif*, p. 273-274.
12. *Ts*, p. 81.

d'une simple lampe — la lampe de *Hyacinthe* — qui garde le silence d'une présence. Les « notes » du chant d'enfance, de la mélopée ou du chant inaudible conduisent aux mots de la prière liturgique « où le silence donne une réponse[13] ». Ainsi nous a semblé s'orienter le long chemin du silence qu'avaient construit ces récits de Le Clézio, de Gracq et de Bosco.

C'est d'un langage authentique que ces trois écritures, ces trois « versions » ont voulu, sans aucun doute, témoigner. « Avec les paroles », écrivait Rainer Maria Rilke, « nous prenons peu à peu le monde en possession ; ce qu'il a de plus faible et de moins sûr, peut-être[14]. » Mais alors, combien plus vraie apparaît cette prise en possession du monde, lorsque la parole tente l'impossible : dire le Silence.

A la mise en récit du silence qui tente le Silence en lui-même, nous pourrions attribuer les caractéristiques que donnait Henri Bosco de son récit, caractéristiques qui s'appliqueraient aussi bien au récit de Le Clézio, ou à celui de Gracq : la mise en récit de ce silence n'a rien démontré ; elle a montré. Elle n'a pas abouti à une conclusion, mais à un acquiescement irrationnel[15]. La question « Qu'est-ce que le Silence ? » demeure, mais l'écriture du chemin qu'elle a provoqué et ouvert, a fait de cette question une « question merveilleuse » qui enclôt sa réponse : consentir au Silence. « Simplement *ainsi*[16]. »

13. *Le Récif*, p. 247.
14. R.M. Rilke, *Les sonnets à Orphée*, Points/Seuil, 1972, p. 127.
15. « A propos du *Récif* », *Cahiers Henri Bosco*, n° 12/1976.
16. *RC*, p. 242.

TABLE DES MATIÈRES